领导力
是训练出来的

张鑫磊　吴琴◎著

当代中国出版社
Contemporary China Publishing House

图书在版编目（CIP）数据

领导力是训练出来的 / 张鑫磊，吴琴著. -- 北京：当代中国出版社，2025.6. -- ISBN 978-7-5154-1578-9

Ⅰ．F272.91

中国国家版本馆 CIP 数据核字第 202530ST24 号

出 版 人	蔡继辉
责任编辑	陈　莎
策划支持	华夏智库·张　杰
责任校对	贾云华　康　莹
出版统筹	周海霞
封面设计	回归线视觉传达
出版发行	当代中国出版社
地　　址	北京市地安门西大街旌勇里 8 号
网　　址	http://www.ddzg.net
邮政编码	100009
编 辑 部	（010）66572180
市 场 部	（010）66572281　66572157
印　　刷	香河县宏润印刷有限公司
开　　本	710 毫米 × 1000 毫米　1/16
印　　张	14.5 印张　170 千字
版　　次	2025 年 6 月第 1 版
印　　次	2025 年 6 月第 1 次印刷
定　　价	78.00 元

版权所有，翻版必究；如有印装质量问题，请拨打（010）66572159 联系出版部调换。

前 言

在快速变化的21世纪，领导力已不单纯是管理技巧或职位权力的象征，更是一种引领组织穿越未知、激发潜能、共创未来的能力。在这个挑战与机遇并存的时代，高效能的领导环境，是每一个追求卓越组织领导力的坚强基石。

高效能领导环境，作为领导力量的孵化场，其重要性不言而喻，既关乎组织的当前绩效，也决定了组织在未来市场上的竞争力和可持续性。但高效能领导环境的构建是一个长期而复杂的过程，需要组织上下一心、共同努力。

高效能领导者的首要任务是确定并巩固自身的影响力。这不仅仅依赖于职位赋予的权威，更在于通过个人品质、专业能力、价值观及行为一致性等赢得他人的信任与尊重。领导者需成为组织的道德指南针，以身作则，展现其正直、诚实、公正的领导风范，再通过深入了解团队成员的需求与期望，建立起开放、包容的沟通氛围，让每个人都能感受到自己被重视和被尊重。

梦想协同是高效能领导环境的灵魂。领导者须具备宽广的视野，能够清晰地描绘出组织的未来愿景。这一愿景既要符合组织的核心使命，又要能够激发团队成员内心深处的渴望和激情。通过有效的沟通与传播，将这一愿景转化为团队成员的共同目标，促使大家心往一处想、劲往一处使。梦想协同的过程，是团队成员间情感联结加深、共识形成的过程，它让个体的力量汇聚成推动组织前进的强大动力。

鼓舞人心是高效能领导者的核心职责之一。领导者应擅长识别并赞赏团队成员的每一个微小进步，用正面反馈和激励措施激发他们的内在前进动力。同时，通过愉悦身心、树立榜样、庆祝价值和共享成功等方式，传递积极向上的正能量，帮助团队成员建立自信心，勇于面对挑战。更重要的是，领导者要鼓励团队成员形成和发展创新思维，引导成员积极尝试，营造容错的文化环境，让成员敢于探索未知，不断突破自我限制，共同创造更辉煌的业绩。

在快速变化的市场环境中，前瞻性成为高效能领导者不可或缺的品质。领导者需保持敏锐的洞察力，善于观察经验之外的世界，持续关注行业动态、技术革新、客户需求等外部因素的变化，并结合组织内部的实际情况，鼓励大家勇于突破，共同朝着目标去迎接挑战，以实现未来又好又快的发展。同时，领导者还需勇于担当。要成为变革的推动者，面对挑战不退缩，积极引领组织进行结构调整、流程优化、文化重塑等必要的变革，以确保组织始终保持竞争力，走在行业的前列。

高效能领导的最终目标是通过有效的领导力，使众人行，即让团队成员在各自的岗位上发挥最大效能，共同推动组织目标的实现。这要求领导者具备高超的赋能能力，通过提供必要的资源支持、培训发展机会、授予决策权等方式，激发团队成员的自主性和创造性。同时，建立跨部门、跨层级的协同机制，打破"信息孤岛"，促进资源共享与知识交流，形成合力。在这样的领导环境下，团队成员不仅能够实现个人价值的提升，更能够感受到自己是组织成功不可或缺的一部分，从而更加积极地投入工作。

本书的上篇通过阐述有效领导、树影响力、梦想协同、鼓舞人心、有前瞻性、使众人行这六个模型，形象地说明了领导力是训练出来的。下篇则在上篇的基础上列出了六种卓越领导力所必备的能力，这六种能力对于激发团队成员的潜能、促进知识共享与协作、加速决策过程有着极为重要的提升作用。

阅读本书后，相信您将从更深的层面认识到训练领导力的重要性，以及如何才能构建一个高效能的领导环境。通过运用相应的领导力模型、提升各方面的能力，领导者可以逐步构建起一个激发创造力、促进成长、实现共赢的领导力生态系统，引领组织走向更加辉煌的未来。

目 录

// 上篇　领导力训练模型 //

第一章　有效领导：领导力是训练出来的 / 3

练视野：领导者要有"敢为天下先"的气魄 / 3
练胸怀：领导者要有"山临绝顶我为峰"的气势 / 7
练心态：领导者要有大事不愁、急事不慌、繁事不乱的心态 / 10
练气质：领导者要做到胸中有志、眼里有光、脚下有路 / 13
练自信：领导者要相信自己是独一无二的存在 / 17
练情商：领导者要具备亲和力、共情力、自制力 / 21

第二章　树影响力：职务可以任命，尊重要靠赢得 / 27

信誉第一，追随第二 / 27
以身作则是说服下属最有力的理由 / 30
明确自己的价值观 / 32
行动与价值观保持一致 / 35
建立共同认可的价值观 / 37
发挥领导者的榜样作用 / 40

第三章　梦想协同：承诺来自激励，而非命令 / 43

制定切合实际的目标 / 43
明确合作目标与角色分工 / 46

　　　　　想象未来各种可能的场景 / 49
　　　　　对目标的真诚信仰 / 52
　　　　　感召他人参与实现共同愿景 / 54
　　　　　将日常工作与卓越使命联系起来 / 56

第四章　鼓舞人心：以鼓励他人投入的方式践行愿景 / 61
　　　　　相信他人的能力 / 61
　　　　　向团队表明自己的信任 / 64
　　　　　认可是证明价值的重要方式 / 67
　　　　　让他人感受到有价值和被支持 / 69
　　　　　让愉悦的力量从精神延续到行动 / 72
　　　　　庆祝价值的实现与共享成功的喜悦 / 74

第五章　有前瞻性：做先行者，主动迈向未知的世界 / 77
　　　　　营造一种大胆尝试的氛围 / 77
　　　　　鼓励每个人主动寻求突破 / 80
　　　　　观察经验之外的世界 / 82
　　　　　倾听并促进不同观点的碰撞 / 85
　　　　　带着目标去挑战 / 87
　　　　　对所有能提升组织的方法保持高度敏感 / 89

第六章　使众人行：一个团队一个声音 / 93
　　　　　最高程度的诚实和真诚 / 93
　　　　　对所有的想法保持开放 / 96
　　　　　付出信任，承担开放自己的风险 / 98
　　　　　让每个人都有主人翁意识 / 101
　　　　　通过建立信任和增进关系来促进协作 / 104
　　　　　广泛互惠使关系稳固 / 107

下篇　激活领导力优势

第七章　精进力：向过去学习，向未来学习 / 113

用三面镜子重审失败 / 113

经验 + 反思 + 难题 = 方案 / 116

打造从失败中学习的组织 / 119

发现他人成功的要素 / 121

用 "U 型理论" 直接与源头连接 / 124

为改变而学习 / 127

第八章　沟通力：以最低的成本解决问题 / 131

有效沟通是双向互动 / 131

强调贡献有助于横向沟通 / 134

清楚在关键时刻应该传递什么 / 137

鼓励面对面地长期互动 / 139

强烈的情感体验可以引发共鸣 / 142

将问题引向关注点 / 145

第九章　培育力：先发现人才，再发展人才 / 149

提供选择权与自主权 / 149

在他人的建议中寻找闪光点 / 152

因事用人，让组织匹配人才 / 155

保证被授权者拥有必要资源 / 157

建设性解决人员错配问题 / 162

以员工的长处为重心进行考评 / 165

第十章 决断力：从不同的观点和判断中选择 / 169

个人见解与决策的关系 / 169
了解问题的周期性质 / 172
找出解决问题必须满足的边界条件 / 175
以互相冲突的意见为基础 / 178
对多个选项进行权衡 / 181
让决策可以被具体实施 / 184

第十一章 执行力：将决策与行动相结合 / 187

尝试未被验证的策略 / 187
把任务分解成里程碑 / 189
在执行过程中重视反馈 / 192
通过允许失败提高成功率 / 194
从失败中快速复原 / 196
在实施中思考改变方法 / 198

第十二章 控制力：有效把控战略实施全过程 / 201

平衡各种关系，保证团队正向发展 / 201
建立强大的信息力量以求驾驭局势 / 204
利用最新信息进行详细反复的预测 / 207
分级、分层、分段的"多级递控" / 212
有效解决各种现实的和潜在的冲突 / 215
通过法定力量保证组织成员遵守规范 / 218

上篇 领导力训练模型

第一章
有效领导：领导力是训练出来的

领导力，这一塑造团队力量、引领变革的核心能力，并非与生俱来的，而是通过后天精心训练与不断实践产生的结果。现代社会，有效的领导力已成为推动组织进步与个人成长的关键因素。通过本章阐述的"六练"，每个人都能充分激发领导潜能，将理论转化为行动的力量，影响并激励周围的人共同获得成功。因此，领导力是训练出来的，每一次尝试与挑战都是通往卓越领导之路的宝贵基石。

练视野：领导者要有"敢为天下先"的气魄

在时代的洪流中，领导力是推动社会进步与组织发展的关键能力。一位卓越的领导者，不仅需要具备深厚的专业素养和非凡的管理能力，更需要拥有超越常人的视野与胆识，要有"敢为天下先"的气魄。这种气魄，是敢于突破陈规、勇于创新、勇于担当精神的体现。这不仅是领导者个人魅力的展现，还是引领组织跨越发展障碍、开创未来新局面的重要驱动力。

面对外部变化不断、技术日新月异、竞争日益激烈、不确定性成为常态的今天，传统的管理模式与思维方式已难以适应社会的发展需求。此时，领导者若仍拘泥于以往的经验，故步自封，必将被时代的浪潮所淘汰。因此，"敢为天下先"不只是领导者个人的气魄，更是时代赋予的使命。这就要求领导者要勇于站在时代前列，洞察未来趋势，敢于第一个吃螃蟹，以无畏的勇气和创新的精神，为组织开辟出一条全新的发展道路。

"敢为天下先"的气魄，源于领导者宽阔的视野。视野，是指一个人对事物认知的广度和深度，决定了领导者能否站得高、看得远，能否在复杂多变的环境中把握机遇、规避风险。一个具有宽广视野的领导者能够超越眼前的利益纠葛，以顾全局、看长远的眼光审视问题，从而作出更加科学、合理的决策。他们善于从历史的长河中汲取智慧、从国际的视野中洞察趋势、从行业的动态中捕捉机遇，从而为组织的发展绘制出宏伟蓝图。

"敢为天下先"的气魄，需要领导者具备过人的勇气。勇气，是面对未知与挑战时，内心仍有坚定不移的信念与行动力。在创新的道路上，充满了未知与风险，每一步都可能踏入前人未曾涉足的领域。此时，领导者需要克服内心的恐惧与不安，勇于承担责任，敢于作出可能引发争议的决策。正如史蒂夫·乔布斯曾说过的，创新就是把事物整合起来的能力。当你问一个有创意的人他们是如何做到的，他们可能会觉得有点儿羞愧，因为他们并没有真的去做任何事情，只是看到了事物中的一些联系。这种看到联系并勇于实践的能力，正是勇气与创新精神的完美结合。

"敢为天下先"的背后，是领导者对组织、对社会、对事物的担当。担当，意味着在关键时刻挺身而出，勇于承担责任，不计个人得失。当组织面临困境时，领导者应该成为团队的"定海神针"，以坚定的信念和果敢的行动引领团队走出困境；当社会需要时，领导者应积极响应，用自己的智慧和才能为社会贡献力量；当历史赋予使命时，领导者更应以高度的责任感和使命感，勇于开创先河，书写出辉煌篇章。担当，是领导者"敢为天下先"气魄的具体体现，也是他们赢得尊重与荣耀的基石。

"敢为天下先"不是空洞的口号，而是需要通过实际行动来实现。那么，领导者应如何训练自己的领导视野呢？

1. 广泛阅读与自我反思

（1）广泛阅读。阅读是开阔视野最直接有效的方式之一，等于站在巨人的肩膀上眺望未来。领导者应广泛涉猎各类书刊，包括阅读管理学、经济学、心理学、历史学、哲学以及新兴科技等多个领域。通过阅读，了解不同行业、不同国家的最新动态，掌握前沿思想与技术，从而丰富自己的知识体系，提升认知水平。

（2）深度思考。不能为了阅读而阅读，而是要在阅读之后进行深度思考。领导者应学会从书中提炼精华，结合自己的实际经验，形成独到的见解与判断。通过反思与总结，不断调整和完善自己的世界观、价值观和方法论，为作出正确决策提供坚实的思想基础。

（3）勇于尝试。自我反思是为了能够接受不同意见和建议，尊重事物的多样性，同时鼓励自己和团队成员大胆尝试新事物、新方法，即使失败也要从中寻找价值。领导者为了将大胆尝试贯彻到底，需要在组织内部建立合理的容错机制，为创新创造宽松的环境和条件。

2. 关注宏观趋势与行业动态

（1）了解并紧跟国家政策。国家政策是影响社会经济发展和行业兴衰的重要因素。领导者应密切关注国家发布的各项政策文件、规划纲要等，了解国家的发展方向与战略布局，从而把握时代脉搏，为组织的发展找准定位。

（2）分析行业动态。行业动态直接关系到组织的竞争压力与生存空间。领导者应时刻关注行业报告、市场分析、竞争对手动态等信息，了解行业的发展趋势、市场需求、技术革新等情况，为组织制定科学合理的战略发展规划提供有力支持。

3. 增强跨文化交流能力

（1）学习外语。掌握一门或多门外语是增强跨文化交流能力的基础。领导者应努力学习外语，提高自己的语言能力，了解不同国家、不同地区的文化习俗、价值观念等，从而拓宽自己的国际视野，以便更好地与不同文化背景的人进行沟通交流。

（2）参与国际交流。除了学习外语外，领导者还应积极参与国际交流活动，如参加国际会议、访问国外企业、与国外同行建立合作关系等。通过这些活动，可以深入了解国际市场的运作机制、行业规范、技术标准等，为组织的国际化发展提供保障。

4. 培养创新思维与批判性思维

（1）鼓励创新思维。创新思维是领导者在时代机器的高速牵引下不会掉队的重要能力。领导者应鼓励自己和团队成员敢于挑战传统观念、突破思维定式、勇于尝试新事物新方法。通过设立创新基金、举办创新大赛等方式激发团队成员的创新活力与创造力。

（2）锻炼批判思维。批判思维是领导者在复杂信息中作出正确决策的重要保障。领导者应学会对接收到的信息进行筛选、分析、评估并提出质疑。通过不断提高自己的批判思维能力，可以更加客观、理性地看待问题，作出更加科学合理的决策。

（3）树立跨界思维。跨界思维是领导者有意识打破常规、创造新价值的思维能力。领导者只有具备跨界思维，才能将不同领域的知识与技术相融合，创造出全新的商业模式或产品服务。再通过实践迈出将跨界融合后的新想法转化为现实成果的关键一步，经过不断试错与迭代，逐步完善和优化方案，最终实现组织的跨越式发展。

总之，训练自己的领导视野是一个长期而系统的过程，需要领导者不断学习、实践与思考。在未来的发展中，只有那些敢于突破常规、勇于创新、勇于担当的领导者，才能洞察未来趋势，把握机遇，引领组织持续健康发展。因此，每一位领导者都应努力开阔视野、展现气魄，用无畏的勇气和创新的精神，为组织开创更加辉煌的未来。

练胸怀：领导者要有"山临绝顶我为峰"的气势

在管理中，领导者不仅是组织的舵手，更是精神的灯塔。他们的一言一行，既影响着团队的凝聚力与执行力，更塑造着组织的文化与未来。而在这充满挑战的旅途中，具备"山临绝顶我为峰"的气势，就是衡量优秀领导者的重要标志。这种气势，是对个人能力与成就的自信展现，是对团队、事业无限热爱的深情流露。那么，领导者应如何练就这份非凡的气势，引领组织攀登一个又一个高峰呢？

1. 胸怀宽广——海纳百川，有容乃大

一个胸怀宽广的领导者，能够像大海一样包容万物，吸纳来自四面八方的智慧与力量。他们不会因个人好恶而偏袒或排斥一个人，而是秉持公平公正的原则，尊重每一位团队成员的个性与价值。这种包容性不

仅有助于建立和谐的人际关系，更能激发团队的创造力与凝聚力，使组织发展成为一个充满活力的大家庭。

总而言之，领导者应做到以下三点：一是倾听，认真听取团队成员的意见与建议，即使与自己的意见相左也应给予尊重和理解；二是信任，相信团队成员的能力与潜力，给予他们充分的自主权与发挥空间；三是宽容，对团队成员的过错与失误保持宽容之心，鼓励他们从失败中吸取教训，不断成长。

2. 志存高远——不畏浮云遮望眼

领导者需志存高远，不被眼前的困难与挑战吓退，更不会满足于现状而停滞不前。相反，他们总是以超越常人的眼光审视未来，设定宏伟的目标与愿景，并带领团队不断向目标迈进。这种远大的理想和追求，既为组织指明了前进的方向，也为团队成员提供了源源不断的动力。

为了追求和实现远大的目标，领导者需要具备以下三个方面的能力：一是战略眼光，能够洞察发展趋势与行业动态，为组织制定科学合理的战略规划；二是决断能力，在关键时刻能够迅速作出决策并承担责任；三是坚定毅力，面对困难与挑战时能够保持坚定信念与不屈不挠的精神。

3. 勇于担当——敢于承担责任

领导者必须具备勇于担当的精神，深知自己作为领导者的责任与使命，时刻将组织的发展与团队利益放在首位。在关键时刻，领导者能够挺身而出、勇于担当，为团队遮风挡雨、排忧解难。这种担当精神可以赢得团队成员的信任与尊重，为组织树立良好的形象与口碑。

为了培养这种担当精神，领导者可以从以下几个方面入手：一是树立正确的价值观与责任感，时刻将团队与组织的利益放在首位；二是勇于面对挑战与困难，不逃避、不推诿、不退缩；三是积极寻求解决问题的方案并付诸实践，用实际行动证明自己的担当与能力。

4. 激励人心——点燃团队的激情与梦想

领导者应懂得如何激发团队成员的潜力与激情，让他们在实现组织目标的同时也能实现个人价值与梦想。这种激励方式有助于提升团队的士气与凝聚力，为组织创造更多的价值与成果。

为了更加有效地激励团队成员，领导者可以采取以下三种策略：一是设定明确的目标与奖励机制，让团队成员明确自己的努力方向与预期收获；二是关注团队成员的成长与发展，为他们提供必要的培训与支持，帮助他们不断提升自己的能力与职业素养；三是营造积极向上的团队氛围，让团队成员在轻松愉快的环境中工作。

5. 持续学习——实现自我超越

胸怀的培养绝非一蹴而就的，而是需要领导者不断学习与自我超越。在日新月异的时代，领导者必须保持对新知识、新技能、新思想的渴望与追求，不断提升自己的综合素质与领导能力，让自己始终站在时代的前沿，带领团队不断攀登新的高峰。

为了实现这一目标，领导者可以采取以下三种方式：一是坚持学习，关注行业动态与前沿技术，掌握最新的管理方法；二是参加培训与研讨会，与同行交流切磋，不断提升自己的专业素养与实战能力；三是勇于尝试与创新，不断突破自己的极限与舒适区，以实现自我超越与蜕变。

总而言之，"山临绝顶我为峰"的气势是领导者具备宽广胸怀、高远追求、担当精神、激励能力以及持续学习与自我超越的体现。只有具备这些品质与能力的领导者，才能带领团队不断攀登新的高峰，创造更加辉煌的成就。因此，每一位领导者都应不断开阔自己的胸怀，成为那个站在山巅眺望世界的领航者。

练心态：领导者要有大事不愁、急事不慌、繁事不乱的心态

毋庸置疑，领导者的心态直接影响团队的士气、决策的质量以及组织的未来。面对大事、急事、繁事交织的工作环境，拥有"大事不愁、急事不慌、繁事不乱"的心态，不仅是领导者个人修养的体现，更是高效领导力的关键所在。

大事不愁，是领导者拥有格局与远见的体现，源于领导者广阔的视野与深邃的洞察力。领导者能够站在组织发展的高度，洞察行业趋势，预见未来挑战，便能在作出重大决策时，保持冷静与从容。这种心态要求领导者具备战略思维，善于从复杂的局面中提炼出关键要素，制定长远规划，不被眼前困难所困。正如古人云："不谋万世者，不足谋一时；不谋全局者，不足谋一域。"

史蒂夫·乔布斯作为苹果公司的创始人之一，以其超凡的远见和战略思维著称。在面对个人电脑市场的激烈竞争时，乔布斯没有局限于现有的产品和技术，而是预见到图形用户界面（GUI）和移动互联的潜力，这才推动苹果公司开发了 Macintosh 和 iPhone 等革命性产品。这种对大事的深刻洞察力和不畏挑战的勇气，正是"大事不愁"心态的生动体现。

急事不慌，要求领导者具备应急管理与情绪控制的能力。在突发事件面前，能够迅速分析形势，制定应对措施，同时保持情绪稳定，避免冲动决策。这种心态是领导者专业素养的重要组成部分，不仅关乎决策

的质量，更直接影响团队的信心和士气。有效的情绪控制，能让领导者在关键时刻成为团队的"定海神针"。

华为创始人任正非在面对国际制裁和突如其来的贸易战等挑战时，展现出惊人的冷静与果断。他迅速调整公司战略，加大研发投入，布局多元化市场，同时加强内部管理，确保团队稳定。任正非的每一次决策都经过深思熟虑，既考虑眼前危机，又兼顾长远发展。任正非是"急事不慌"的典范。

繁事不乱，要求领导者在面对烦琐复杂的工作时，能够做到思路清晰，安排合理，执行高效。这背后是对时间管理的精通、对工作流程的优化以及对团队资源的合理配置。通过建立科学的管理体系，实现工作的流程化、标准化，即便面对千头万绪的事情，也能做到有条不紊，确保各项任务按时保质完成。

稻盛和夫在其管理的企业中推行精细化管理，将复杂的工作流程拆解为简单易行的步骤，并注重细节的执行。他强调"工作现场有神灵"，鼓励员工深入一线，发现问题并持续改进。稻盛和夫的这种管理方式，使得企业即便在业务繁忙时也能保持高效运转，达到"凡事不乱"的境界。

"大事不愁、急事不慌、繁事不乱"的心态，是领导者的个人修养和领导能力的体现，直接影响到团队的凝聚力和组织的长远发展。通过一些正确的路径，领导者可以逐步培养出这种卓越的心态。以下是对修炼路径的进一步探讨：

（1）增强自我认知：领导者需要清晰地认识自己，包括自己的优势、劣势、情绪触发点等。通过自我反思、心理测评等方式，加深对自己的了解，为调整心态打下坚实基础。

11

（2）提升战略思维：通过阅读、学习、交流等途径，不断拓宽知识面，提升战略思维能力。关注行业动态，分析未来趋势，学会从全局角度思考问题，为应对大事做好准备。

（3）强化情绪管理：学习情绪管理技巧，如深呼吸、冥想、正念练习等，帮助自己在面对大事、急事、繁事时保持冷静。同时，建立健康的情感支持系统，与家人、朋友或同事分享感受，以减轻心理压力。

（4）塑造积极心态：领导者需要学会从正面角度看待问题，将挑战视为成长的机会，将困难视为锻炼意志的磨刀石。通过积极的自我对话、感恩练习和心态调整训练，不断强化自己的积极心态，让内心充满力量与希望。

（5）建立支持系统：领导者不是孤军奋战，他们需要建立一个强大的支持系统，包括亲密的家人、可信赖的朋友、忠诚的团队成员和专业顾问团队。这些支持系统可以在关键时刻提供情感支持、专业建议和实际帮助，帮助领导者更好地应对各种挑战。

（6）优化工作流程：采用科学的管理方法和工具，如时间管理四象限法、项目管理软件等，优化工作流程，提高工作效率。合理规划时间，设定优先级，确保在繁忙工作中也能保持思路清晰。

（7）培养协同能力：通过领导力培训、团队建设等方式，提升自己的领导力和凝聚力。学会授权，激励和指导团队成员，让团队在面对复杂任务时能够协同作战，共同应对挑战。

（8）强化沟通协作：在面对大事、急事、繁事时，领导者需要与团队成员保持密切的沟通与协作，共同分析问题、制定方案并付诸实践。通过有效的沟通与协作，可以增强团队的凝聚力和战斗力，使团队在面对挑战时更加从容不迫。

（9）培养强大韧性：面对失败和挫折时，领导者需要保持积极、乐观的心态，相信自己的能力和潜力，坚持不懈地追求目标。他们要能从失败中吸取教训，调整策略，重新出发。韧性的养成可以让领导者在复杂多变的环境中保持稳定的心态和强大的行动力。

（10）保持反思内省：领导者需要在实际工作中不断尝试新的方法，敢于迎接新的挑战，并勇于承担责任。同时，他们还需要定期对自己的行为和决策进行反思，总结经验教训，不断调整和优化自己的心态与行为方式。

作为领导者，必须明白，自己的言行举止都会对团队成员产生深刻的影响。因此，领导者需要时刻注意自己的言行举止是否符合组织的标准与要求。需要通过自己的实际行动树立榜样，引导团队成员树立正确的价值观。当领导者展现出"大事不愁、急事不慌、繁事不乱"的心态时，团队成员也会受到感染并努力效仿。

练气质：领导者要做到胸中有志、眼里有光、脚下有路

在领导力的诸多组成部分中，气质决定领导者的个人魅力，起着深刻塑造团队灵魂的作用。一个优秀的领导者，身上应当具备"胸中有志、眼里有光、脚下有路"的特质，这些特质如同灯塔一般，指引着团队穿越风雨，迈向成功的彼岸。

胸中有志，是领导者气质的核心所在。这不但是对个人职业生涯的规划与追求，更是对组织愿景的深刻理解和坚定信仰。一个胸中有志的领导者，能够清晰地描绘出组织的未来蓝图，带领团队成员达成共同愿

景，使大家心往一处想、劲往一处使。这种理想与信念，如同磁石一般，吸引着团队成员不断前行，即使面对重重困难与极大挑战，也能保持坚定的信念为之不懈努力。

胸中有志的人，一定眼里有光。这样的领导者能够敏锐洞察外部环境变化，及时发现机遇与风险，为组织的发展赢得先机。同时，眼里有光还表现为领导者对工作的无限热情与投入，这种热情与投入能够感染并激励团队成员，激发他们的工作热情与创造力。一个眼里有光的领导者，总能在平凡中发现非凡，在困境中看到希望。

脚下有路，就是要有扎实的行动与清晰的路径。领导者不仅要有远大的理想与敏锐的洞察力，更要具备将理想转化为现实的能力。一个脚下有路的领导者，能够根据组织的实际情况与外部环境的变化，制定出切实可行的战略规划与行动计划，带领团队一步一个脚印地向前迈进。他们懂得如何在复杂多变的环境中寻找并开辟出一条通往成功的道路，确保组织在正确的轨道上稳健前行。

华为创始人任正非，以其独特的领导力著称，在面对突如其来的国际制裁和贸易战等严峻挑战时，展现出他的坚韧与决心。他胸中有志，坚信华为能够成为全球领先的科技企业，为全球通信事业的发展作出贡献。他眼里有光，对技术创新有着无尽的热情与追求，不断推动华为在5G、人工智能等领域稳步发展并取得重大突破。同时，他脚下有路，通过加强内部管理、优化研发流程、拓展国际市场等一系列实际行动，确保华为在逆境中稳步前行。任正非的领导气质，是华为能够在困境中屹立不倒的重要原因之一。任正非的故事，也是具备"胸中有志、眼里有光、脚下有路"气质的生动体现。

气质的修炼是一个持续不断的过程，领导者需要保持谦逊的心态，不断学习、不断培养、不断训练，以适应不断变化的市场环境和组织需求。那么，领导者究竟要进行哪些方面的学习、培养和训练呢？

（1）明确个人愿景与组织目标。要培养胸中有志的气质，领导者首先需要明确自己的个人愿景与组织目标。通过深入思考与规划，找到自己的兴趣所在与使命所在，并将之与组织的目标相结合。领导者只有内心有了明确的方向与目标时，才能激发出强大的动力与热情去为之奋斗。

（2）提升洞察力与判断力。眼里有光的气质必须建立在敏锐的洞察力与判断力基础之上。领导者需要不断拓宽自己的知识面与视野，关注行业动态与市场变化，培养自己敏锐的眼光。同时，还需要学会运用逻辑思维与批判性思维去分析问题、判断形势并作出决策。

（3）激发团队成员激情与创造力。一个眼里有光的领导者，不仅自身要保持对工作的无限热情，还要懂得如何激发团队成员的激情与创造力。包括能够营造出一种积极向上、鼓励创新的工作氛围，让团队成员敢于提出自己的意见和建议，并有机会去实现它们。领导者可以通过设立创新奖励机制、举办创意工作坊、鼓励跨部门合作等方式，促进团队内部进行知识交流与思维碰撞，从而激发团队成员更多的创新火花。

（4）制订切实可行的行动计划。脚下有路的气质要求领导者具备将理想转化为现实的能力与行动力，即根据组织的实际情况与外部环境的变化，制订出切实可行的战略规划与行动计划，并带领团队一步一个脚印地向前推进。在制订计划时，要注重细节并进行可行性分析，确保计划能够得到有效执行并取得预期效果。同时，还需要保持计划的灵活性与适应性，能够在执行过程中根据实际情况进行调整与优化。

（5）培养坚韧不拔的意志力。在追求目标的过程中难免会遇到各种困难与挑战，要培养脚下有路的气质就需要具备坚韧不拔的意志力与毅力。领导者需要学会在逆境中保持冷静心态去分析问题，寻找解决方案。找到好的方案后，要坚持执行下去。同时，还需要注意培养自己的心理素质与抗压能力，以应对各种突发情况与压力挑战。

（6）提升领导力与影响力。领导者应不断提升自己的领导力水平。这包括但不限于决策能力、沟通能力、团队协作能力等。通过参加有关领导力的培训、阅读领导力书籍等方式，不断提升自己的领导力素养。领导者也要善于运用自己的影响力去感染、激励和带动团队成员共同为组织的发展贡献自己的力量。通过发表演讲、撰写文章、接受采访等方式展示自己的思想与见解，扩大自己在行业内外的影响力，为组织赢得更多的关注与支持。

（7）践行领导力和核心价值观。领导者要践行领导力和核心价值观，如诚信、公正、责任、担当等。这些价值观是拥有领导者气质的重要组成部分，能够直接影响到团队成员的行为和态度。一个言行一致、以身作则的领导者，能够赢得团队成员的尊重和信任，从而增强团队的凝聚力和向心力。同时，这些价值观也是领导者在面对困难和挑战时，依然能够保持坚定信念和决心的重要支撑。

总之，"胸中有志、眼里有光、脚下有路"不仅是领导者应具备的气质，也是引领团队走向成功的重要法宝。通过一系列正确的修炼路径，领导者可以逐步培养出这种卓越的气质，并带领团队在复杂多变的环境中稳步前行，实现共同的愿景与目标。在这个过程中，领导者不仅成就了自己，也成就了团队和组织，更实现了个人价值与社会价值的双重飞跃。

练自信：领导者要相信自己是独一无二的存在

如果将领导力比作浩瀚星空，自信就是其中最璀璨的星辰，不仅照亮了领导者的内心世界，更成为引领团队前行的强大动力。自信的领导者，能够以其独特的魅力和坚定的信念激发团队的潜能，共同面对挑战，开创美好未来。以下将从自信的定义、重要性、面临的挑战、培养方法以及实践应用等方面，深入探讨领导者如何练就自信，相信自己是独一无二的存在。

1. 自信的定义与重要性

自信，简而言之，就是对自己能力、价值和判断力的信任与肯定。它不等同于自负或自大，而是一种在自我认知、自我接纳和自我提升基础上的积极心态。自信的领导者能够清晰地认识到自己的优点与不足，勇于面对挑战，敢于承担责任，并在实践中不断成长与进步。

在领导力的构建中，自信是不可或缺的基石。自信能够赋予领导者强大的内在力量，使他们在面对困难和挑战时保持冷静与坚定，从而带领团队渡过难关。自信的领导者更容易赢得团队成员的信任与尊重，因为他们所展现出的从容与果敢，让团队成员感到安心并对领导者产生信赖。自信还能激发团队成员的潜能与创造力，营造积极向上的工作氛围，推动团队向更高目标迈进。

2. 领导者面临的挑战

尽管自信对于领导者至关重要，但在实际工作中，领导者往往会面

领导力是训练出来的

临诸多挑战，这些挑战可能来自外部环境、内部压力或个人心理等多个方面。这些挑战会对领导者的自信心造成冲击。

首先是外部环境的不确定性。市场环境的变化、技术创新的不断涌现、竞争对手的日益强大等外部因素，使得领导者在作决策时面临巨大的挑战。这种不确定性可能导致领导者焦虑与不安，进而动摇其自信心。

其次是内部压力的重重叠加。企业内部的管理难题、团队间的冲突与矛盾、业绩目标的压力等内部因素，同样给领导者带来巨大压力。长期处于高压状态下的领导者，可能会逐渐失去对自我的信心，陷入自我怀疑的旋涡。

最后是个人心理的脆弱性。每个人的心理承受能力都是有限的，领导者在追求卓越的过程中，难免会遭遇失败与挫折。这些经历如果处理不当，就可能对领导者的心理造成创伤，进而影响其自信心。

3. 培养自信的方法

面对上述挑战，领导者需要积极采取措施，培养并强化自己的自信心。以下是一些有效的方法：

（1）深入认知自我。领导者需要深入了解自己的性格、能力、价值观等，明确自己的优势与劣势。通过自我反思、心理测评等方式，形成对自我全面而客观的认识。这种自我认识有助于领导者在面对挑战时保持清醒与冷静，从而更好地发挥自己的优势。

（2）合理设定目标。领导者需要根据自己的实际情况和能力水平，设定具有挑战性又可以实现的目标。这些目标应当能够激发领导者的内在动力，使他们在追求目标的过程中不断提升自己的能力和信心。

（3）勇于面对挑战。领导者需要勇于面对各种挑战和困难，不畏惧失败与挫折。在挑战中积累经验、学习新知识、提升能力，逐渐增强自信心。同时，领导者还需要学会从失败中吸取教训，将从失败中学习的经验转化为前进的动力。

（4）培养正能量心态。领导者需要保持昂扬向上的正能量心态，来对待工作和生活中的每一个挑战和机遇。通过正能量心态的引导，领导者能够更好地应对压力与困难，保持内心的平静与坚定。同时，正能量心态还能够感染并激励团队成员，共同营造积极向上的工作氛围。

（5）寻求支持与反馈。领导者通过与团队成员、上级领导和专业人士的交流与沟通，了解自己在工作中的表现与不足，获取宝贵的建议与指导。这些支持与反馈有助于领导者更加全面地认识自己，从而更有针对性地提升自己的能力和信心。

（6）不断学习与成长。领导者需要保持对新知识、新技能的好奇心与求知欲，不断增加自己的知识储备和提升技能水平。通过学习与实践的结合，领导者能够不断提升自己的综合素质和领导能力，从而更加自信地面对各种挑战与机遇。

4. 实践应用：领导者的风采

自信的领导者在实际工作中会展现独特的魅力，他们能够以积极乐观的态度面对困难与挑战，能够以坚定的信念和决心引领团队前行，能够以独特视角和创新思维解决工作中遇到的复杂问题，还能够以真诚与包容的心态赢得团队成员的信任与尊重。

（1）激发团队潜能。自信的领导者懂得如何激发团队成员的潜能与创造力。他们通过设定明确的目标、营造积极向上的工作氛围、提供必要的支持与资源等方式，鼓励团队成员勇于尝试、敢于创新。在自信的领导者带领下，团队成员能够充分发挥自己的优势，共同为实现团队目标贡献力量。

（2）引领团队变革。自信的领导者在面对市场和技术的快速变化时，能够敏锐捕捉到变革的机遇，并勇于引领团队进行创新与转型。他们相信自己的判断力和决策力，能够带领团队走出舒适区，探索未知领域。在变革过程中，他们也能保持冷静与坚定，有效应对各种挑战和不确定性，确保团队能够顺利实现目标，并迎来新的发展机遇。

（3）建立稳固的领导力。自信的领导者通过不断的学习、实践与反思，逐渐建立起稳固的领导力。他们不仅具备扎实的专业知识和丰富的管理经验，更拥有强大的内心力量和独特的人格魅力。这种领导力使他们在团队中拥有高度的权威性和影响力，以最高效的方式引领团队朝着共同的目标前进，达成组织的愿景和使命。

（4）建立良好的人际关系网络。自信的领导者深知建立广泛而稳固的人际关系能够更容易获取资源和信息，为组织的发展赢得更多机会和支持。他们注重建立和维护与各方利益相关者的良好关系，包括团队成员、上级领导、客户、合作伙伴等。通过有效的沟通和协调，奠定互信与合作的基础，共同推动组织向前发展。

（5）塑造积极的组织文化。自信的领导者还注重塑造积极的组织文化。他们通过树立正面榜样、强化价值观传承、鼓励开放沟通等方式，营造一个充满活力、尊重与信任的组织环境和组织文化。在这种文化的熏陶下，团队成员能够感受到来自组织的温暖与力量，更加积极地投入工作，共同为组织的繁荣发展贡献力量。

（6）实现个人与组织的共同成长。自信的领导者不仅关注自己的成长与发展，也关注团队成员的成长与发展，更关注组织的整体利益和未来发展。在领导过程中，他们努力将自己的愿景、团队成员的愿景与组织的愿景相结合，通过不断提升自己的领导能力和团队的整体素质，推动组织实现持续稳健的发展。同时，他们也注重个人修养与品德提升，努力成为团队成员心中的楷模和榜样。

由此可见，练就自信是每一位领导者必须经历的过程。只有自信，领导者才能以坚定的信念和决心引领团队前行。通过正确的方法，领导者逐渐培养并强化自信心，并在实际工作中展现出独特的魅力和风采。在整个过程中，领导者不仅成就了自己，更成就了团队和组织。

练情商：领导者要具备亲和力、共情力、自制力

在复杂多变的商业环境中，领导力已不再是单一领导技能的展现，而是多种能力的综合体现。其中，情商（Emotional Quotient, EQ）作为衡量领导者非智力因素的重要标尺，其重要性日益凸显。情商高的领导者，能够凭借很强的亲和力、共情力和自制力，在团队成员中建立起深厚的信任关系，激发团队的凝聚力和战斗力，引领组织走向成功。

情商，全称情绪智力，是指个体识别、理解、表达、调节自己和他人情绪的能力。与智商（Intelligence Quotient，IQ）主要关注认知能力不同，情商更多地聚焦于人际交往、情绪管理等方面。情商高的个体，能够更好地处理人际关系，有效应对压力与挑战，实现个人与团队的和谐共生。

在领导力的构成要素中，情商占据着举足轻重的地位。首先，情商是建立信任的基础。领导者通过展现真诚、关爱和理解，能够赢得团队成员的信任与尊重，为团队合作奠定坚实基础。其次，情商是沟通的艺术。领导者需要具备敏锐的情绪感知能力，能够准确识别团队成员的情

绪状态，采取恰当的沟通策略，化解矛盾和冲突，达成共识。最后，情商是自我管理的关键。面对压力与挑战，情商高的领导者能够保持冷静与理智，有效调节自己的情绪，以积极向上的态度带领团队不断前行。

1. 亲和力——拉近心灵的距离

亲和力是指个体在人际交往中展现出的友好、温暖、易于接近的特质。领导者具备亲和力，能够迅速打破层级隔阂，建立与团队成员之间的情感联系，营造和谐的工作氛围。

亲和力在领导实践中的表现体现在三个方面：

第一，倾听与关注。亲和力强的领导者善于倾听团队成员的意见和建议，展现出对每位成员的关注与尊重。他们通过耐心倾听，了解团队成员的需求与困惑，为对他们提供有效的支持奠定基础。

第二，支持与反馈。对于团队成员的成就与努力，亲和力强的领导者不仅给予他们必要的支持，还会给予及时、正面的反馈。支持，能激发团队成员的工作热情和创造力；反馈，则能增强他们的自信心和归属感。

第三，开放与包容。亲和力强的领导者具有开放的心态和包容的胸怀，能够接纳不同的观点和文化背景。他们鼓励团队成员发表意见，促进思想的碰撞与融合，为团队创新提供源源不断的动力。

亲和力的培养策略如下：

（1）提升自我意识：领导者需要深入了解自己的情绪状态，学会识别并调整自己的非言语行为（如面部表情、肢体语言等），以展现更加友好、温暖的形象。

（2）主动交流：领导者主动与团队成员进行交流，分享自己的想法和感受，拉近彼此之间的距离。同时，也要鼓励团队成员之间交流与互动，形成良好的沟通氛围。

（3）关注细节：在日常工作中，领导者应关注团队成员的细微变化（如情绪波动、工作压力等），及时给予他们关心和支持，以提升团队的凝聚力。

2. 共情力——走进对方的世界

共情力是指个体能够准确感知并理解他人情绪，站在他人角度思考问题，从而产生共鸣与同情的能力。领导者只有具备共情力，才能深入理解团队成员的内心世界，与他们建立更加深厚的情感联系。

共情力在领导实践中的表现体现在以下三个方面：

第一，理解支持。共情力强的领导者能够深入理解团队成员的处境与感受，给予他们必要的、急需的支持。在团队成员遇到困难和挫折时，他们能够伸出援手，帮助团队成员渡过难关。

第二，灵活应对。面对团队成员的不同需求和期望，共情力强的领导者能够灵活调整自己的管理策略，运用不同的沟通方式和方法，确保信息传递的准确性和有效性，以满足团队成员的个性化需求。

第三，促进合作。共情力强的领导者能够感知团队成员之间的微妙关系，及时发现并化解潜在的冲突和矛盾。他们通过促进团队成员之间的合作与协作，完成团队的整体目标。

共情力的培养策略如下所示：

（1）增强情绪感知能力：领导者需要通过观察、倾听和询问等方式，增强自己对他人情绪的感知能力。同时要学会捕捉他人的非言语信号（如面部表情、姿态动作、语音、语调、语态等），从而更准确地理解他人的情绪状态。

（2）培养同理心：领导者应努力培养自己的同理心，学会站在他人的角度思考问题。通过换位思考，他们能够更深入地理解团队成员的内心世界，为团队成员提供更加贴心的支持和帮助。

（3）实践与反思：领导者应在日常工作中积极运用共情技巧，如主动询问团队成员的感受、需要提供的情感支持等。同时，也要对自己的共情行为进行反思和总结，不断优化自己的共情策略。

3. 自制力——掌控情绪的高手

自制力，也称为情绪管理能力，是指个体在面对压力、诱惑或挑战时，能够自我控制情绪反应，保持冷静、理智和适当行为的能力。作为领导者，自制力是确保决策质量、维护团队稳定以及个人形象的关键要素。

自制力在领导实践中的表现体现在以下三个方面：

第一，冷静决策。在面对紧急情况或重大决策时，自制力强的领导者能够迅速调整情绪，避免冲动行为，从而作出更为理性、全面的决策。他们懂得权衡利弊，考虑长远影响，确保决策的科学性和有效性。

第二，稳定情绪。自制力强的领导者能够在团队中展现出稳定的情绪状态，不受外界因素干扰。他们能够在压力下保持冷静，为团队成员树立榜样，增强团队的稳定性和抗压能力。

第三，适度表达。在表达意见和情绪时，自制力强的领导者能够掌握分寸，既不过于压抑也不过度宣泄。他们能够以建设性的方式表达自己的观点，同时尊重他人的意见，促进团队成员之间的和谐，实现有效沟通。

自制力的培养策略如下：

（1）增强自我情绪认识：领导者需要对自己的情绪反应有清晰的认识，了解自己在不同情境下的情绪触发点和应对策略。通过自我观察、反思和记录，领导者可以逐渐提高自己的情绪觉察能力。

（2）学习情绪调节技巧：掌握有效的情绪调节技巧对于提升自制力至关重要。领导者可以通过阅读相关书籍、参加培训课程或寻求专业帮助等方式，学习如何运用深呼吸、冥想、放松训练等方法来调节自己的情绪。

（3）建立情绪支持机制：在追求自制力的过程中，领导者需要建立一个完善的情绪支持机制，包括与信任的朋友、家人或同事分享自己的感受、寻求建议和支持。同时，也可以考虑加入相关的社群或组织，与志同道合的人一起成长和进步。

作为领导者必须明白，情商的提升是一个长期的过程，需要不断地实践和反馈。领导者应在日常工作中积极运用所学的各类情绪调节技巧，同时关注团队成员和外部环境对自己的反馈。通过不断试错和调整，逐渐提高自己的情商水平。

一个具备高情商的领导者，能够以真诚与关爱赢得团队成员的信任与尊重，以理解与共鸣建立深厚的情感联系，以冷静与理智应对各种挑战与困难。在提高领导力的征途中，让我们不断修炼自己的情商，以更加饱满的热情和更加坚定的步伐，引领团队走向更加辉煌的未来。

第二章
树影响力：职务可以任命，尊重要靠赢得

在构建个人影响力的过程中，职务的任命或许能赋予一个人一定的权力范围，但真正的尊重与信赖，则需通过不懈的努力与高尚的品行来赢得。它源自对他人深刻的理解、真诚的关怀以及卓越的工作表现。真正的领导者，以行动诠释责任，以成果证明价值，用谦逊的态度去倾听，以包容的心态去接纳。如此，方能在他人心中树立威望，赢得他人由衷的尊敬与追随。

信誉第一，追随第二

领导者既是战略方向的指引者，也是团队精神的塑造者和团队文化的传承者。领导者的影响力直接关乎组织的凝聚力、执行力和竞争力。然而，影响力的构建是一个长期的过程，且依赖于领导者多方面的素质和能力，其中，信誉无疑是最为核心和基础的要素。

信誉，指个人或组织在公众心中形成的良好声誉和信任度。对于领导者而言，信誉是其影响力的基石。它基于领导者一贯的行为表现、道德品质、专业能力以及对待团队成员和利益相关者的态度。良好的信誉

能够赢得团队成员的尊重与信任,增强团队的凝聚力和向心力;同时,也能在外部环境中树立正面的企业形象,为组织赢得更多的合作机会和市场份额。

影响力,是领导者能够引导、激励和改变他人行为与观念的能力,信誉是这种能力得以发挥的前提和基础。没有信誉的领导者,即使拥有高明的策略和技巧,也难以赢得团队成员的真心拥护和外部组织的广泛认可。相反,拥有良好信誉的领导者,能够以其高尚的品质、卓越的能力和诚信的行为,自然而然地吸引他人追随,形成强大的影响力。

领导者信誉的构建,需要从内到外地全面塑造,从内到外依次是价值观、专业能力、责任担当、情感连接。

诚信是信誉的核心。领导者必须树立诚信的价值观,将诚信作为自己行为的准则和底线。在决策过程中,要坚持原则、公平公正;在对待团队成员时,要坦诚相待、言行一致;在对外交往中,要信守承诺、不欺不诈。

专业能力是领导者赢得信誉的保障。领导者需要具备深厚的行业知识、丰富的管理经验和卓越的领导才能。通过不断学习和实践,提升自己的专业能力,解决团队面临的各种困难和挑战。

责任担当是领导者构建信誉的重要筹码。领导者在面对困难和挑战时,要挺身而出、迎难而上;在出现问题和错误时,要勇于承认、及时改正。领导者的责任与担当精神,能够激励团队成员更加努力地工作,能够赢得外部组织的尊重和认可。

情感连接是构建信誉的润滑剂。领导者需要关注团队成员的情感需求和心理状态,通过关心、支持和鼓励等方式,与团队成员建立深厚的情感联系。这种情感连接能够让领导者更加深入地了解团队成员的想法和意见，为更加科学合理地管理提供依据。

当领导者具备良好的信誉时，就会自然地吸引众多忠诚的追随者。这些追随者被领导者的品质、能力和行为所吸引，愿意与领导者一起奋斗、共同成长。他们不仅会在工作中积极配合领导者的安排，还会在团队中传播领导者的优秀事迹和维护领导者的良好形象，进一步扩大领导者的影响力。在团队中，大家也会相互支持、相互鼓励、相互协作，共同面对各种挑战和困难。这种团结一心的工作状态，能够提升团队的执行力和战斗力，为组织创造更多的价值。

虽然，这种正向的引导会逐渐形成独特的组织文化，让每一个团队成员都能够在这种文化中茁壮成长。但也必须认识到，在构建信誉的过程中，领导者难免面临外界的质疑与批评。这些质疑与批评可能来自团队成员、竞争对手、媒体或公众等多个方面。

在面对外界的质疑与批评时，领导者应该展现的不仅是解决问题的能力，更是其胸怀与格局。一个明智的领导者会将这些质疑视为提升自我和团队的机会，而非威胁。他们会时刻保持冷静和理智的态度，主动倾听各方的声音，尤其是那些建设性的批评，因为这些批评往往能揭示潜在的问题和盲点。通过公开透明的沟通，领导者可以展示其诚意和决心，这样不仅能够解决当前的质疑，还能增强公众的信任度。领导者再通过认真分析问题的根源，采取相应的措施去改进和完善，通过实际行动及时消除负面影响。在持续优化的过程中，领导者的信誉也将得到进一步的巩固和提升。

综上所述，"信誉第一，追随第二"不仅是倡导的理念，更是实践中必须遵循的原则。信誉作为领导者影响力的基石，其构建和维护需要领导者长期的坚持和努力。而随着信誉的不断提升和巩固，领导者的影响力也将自然而然地得到增强。最终，这种强大的影响力将引领团队和组织不断向前发展，取得更加辉煌的成就。

以身作则是说服下属最有力的理由

面对日益复杂多变的市场环境和内部挑战，如何有效地说服下属，激发他们的潜能，凝聚团队力量，是每位领导者必须面对的重要课题。在众多领导策略中，"以身作则"无疑是最具说服力的方式，这是领导者个人魅力的体现，也是推动团队向前进的强大动力。

"其身正，不令而行；其身不正，虽令不从。"这句古训深刻揭示了以身作则的重要性。领导者作为团队的核心人物，其一言一行都在无形中影响着下属。当领导者能够以高标准要求自己，率先垂范，展现卓越的职业素养、高尚的道德品质和积极的工作态度时，自然能够赢得下属的尊敬与信任，进而激发他们的效仿意愿和内在动力。

一个团队要想形成强大的战斗力，就必须具备高度的凝聚力。以身作则的领导者通过自己的言行举止展现对规则的尊重、对承诺的坚守和对责任的担当，能够逐步建立起下属对其的信任感，使团队成员紧密团结在一起。这种凝聚力可以让下属愿意跟随领导者的步伐，能够在关键时刻给予领导者坚定的支持。

同时，以身作则的领导者也能通过自己的行动为下属树立榜样，激发他们的内在动力和学习欲望。当下属看到领导者不断追求卓越、勇于挑战自我时，他们也会受到鼓舞，从而积极投身工作，努力提升自己的能力和素质。

此外，领导者作为组织文化的塑造者和传播者，其行为方式、价值观念和处事原则都在无形中塑造着组织文化。以身作则的领导者能够将自己的理念融入日常工作中，通过实际行动影响和感染下属，使组织文化得以传承和发扬。

以身作则的领导者可以为团队营造出一种积极向上、公正公平的正向氛围。在这种氛围中，团队成员能够感受到尊重与信任，愿意主动承担责任、分享经验。这种良性循环既可以提升团队的整体绩效，还能促进员工的个人成长。那么，领导者究竟该如何做到以身作则呢？

领导者首先要明确自己的价值观和行为准则，并将其作为行动的指南。这些价值观和准则应该与组织的使命、愿景和核心价值观相契合，能够引领团队朝着正确的方向前进。

面对困难和挑战时，领导者要勇于担当责任，不推诿、不逃避。他们应该主动站出来寻找解决问题的方法，为团队指明前进的方向。这种担当精神不仅能够赢得下属的尊敬和信任，还能激发团队成员的责任感和使命感。

在快速变化的时代背景下，领导者必须保持学习的热情和动力，不断提升自己的专业素养和领导能力。他们应该关注行业动态和前沿技术，积极学习新知识、新技能和新方法，为更好地适应市场变化和满足组织发展需求做准备。同时，领导者还要注重自我反思和总结经验教训，不断完善自己的领导风格和决策方式。

以身作则的领导者必须做到言行一致、诚实守信。领导者不轻易许下无法兑现的诺言。一旦承诺，就要对自己的承诺负责到底。同时，他们还要注重与下属的沟通和交流，确保信息的透明和畅通。

综上所述，以身作则是一种领导方式、一种领导策略，更是一种深深植根于领导者内心深处的价值观和信念。以身作则的领导者不仅能够通过自己的言行举止影响和感染下属，激发他们的潜能和动力，还能够塑造良好的组织氛围和文化传承机制，推动团队和组织不断向前发展。在这个过程中，领导者不仅实现了自我成长和超越，更为组织留下了宝贵的文化遗产和精神财富。因此，每一位领导者都应该将以身作则作为自己的行动准则和追求目标，通过不断提升自己的专业素养和领导能力，成为下属心中的楷模，为组织的发展和繁荣贡献自己的力量。

明确自己的价值观

你是谁？这是追随者首先想问的问题。去找这个问题答案的人，不应该是提问者（被领导者），而是被提问者（领导者）。

领导者的任务不仅是引领团队穿越未知的领域，更是在风浪中树立一面不倒的旗帜，在那面旗帜上鲜明地镌刻着他们的价值观。在企业管理领域，我们都知道自身价值观对于塑造团队文化、激发团队潜能以及实现长远目标的重要性。以下，我将结合个人经历，从自我认知、价值观塑造、实践应用及深远影响四个方面，阐述为何领导者必须明确自己的价值观。

1. 自我认知——价值观的觉醒之旅

我初涉管理岗位时，面对复杂多变的工作环境和性格各异的团队成员，常常感到力不从心。项目推进缓慢、团队士气低落、决策时犹豫不决……这些问题像一座座大山，压得我喘不过气来。直到有一天，我静下心来进行了一次深刻的自我反思。我意识到，这些问题的根源在于缺乏一个清晰、坚定的价值观来指导自己的行为和决策。

我开始阅读关于领导力、哲学、心理学的书籍，参加各类工作坊和研讨会，试图从别人的智慧中汲取灵感。更重要的是，我开始与自己对话，深入挖掘自己内心深处的信念和追求。这个过程虽然痛苦而漫长，但它让我逐渐明晰了自己的价值观——诚信、尊重、创新、责任。这四个词，如同四根支柱，支撑起我作为领导者的精神世界。

2. 价值观塑造——从理论到实践的桥梁

明确了价值观之后，更重要的是将其转化为实际行动。我意识到，作为领导者，自己的一言一行都在无形中影响着团队。因此，必须以身作则，让价值观成为自己行动的指南。

（1）诚信：我坚持对所有利益相关者保持诚信，无论是与客户的沟通，还是团队内部的决策过程，都力求做到公开、诚信、公平、透明。这种诚信的做法不仅赢得了客户的信任，也增强了团队的凝聚力。

（2）尊重：我尊重每一位团队成员的个性与差异，鼓励大家发表不同意见，共同参与决策过程。我相信，每个人的声音都是宝贵的，只有当每个人的潜力都被充分挖掘时，团队才能发挥出最大的作用。

（3）创新：我鼓励团队成员勇于尝试新事物，不要畏惧失败。为此团队专门设立了创新奖励机制，定期举办创意工坊，让创新成为团队文化的重要组成部分。这种氛围激发了团队成员的创造力，有力地推动团队成员不断突破自我，实现业务上的飞跃。

（4）责任：我深知作为领导者责任重大，不仅要对团队负责，更要对企业、对社会负责。因此，我始终将可持续发展和社会责任融入企业的发展战略中，并致力于成为一个有温度、有担当的企业公民。

3. 实践应用——价值观引领下的成功故事

在价值观的指引下，团队经历了一系列变革，取得了显著成绩。其中，最让我骄傲的是团队成功推出的一款绿色环保产品。这个项目从最初的概念提出到最终的市场推广，每一个环节都充满了挑战。但正是因为团队坚持创新，尊重自然规则，勇于承担社会责任，才能够克服重重困难，最终赢得市场的认可。

在项目推进过程中，我鼓励团队成员不仅要大胆提出创新方案，还要充分考虑产品的环保性能和社会影响。我们与供应商紧密合作，不断优化产品设计，减少资源消耗和对环境的污染。我们还积极参与公益活动，将部分收益捐赠给环保组织，用于支持环保项目的开展。这些行动不仅提升了产品的市场竞争力，也增强了品牌的形象和社会影响力。

4. 深远影响——价值观的传承与发扬

更重要的是，通过这些实践，团队的价值观已经深深烙印在每一位团队成员的心中，成为共同的精神财富。新加入的成员很快就能感受到团队价值观，并被它深深吸引。他们开始主动践行团队价值观，将其融入自己的工作中。这种正能量的传递，让团队更加团结，更加有力量。

同时，我也意识到，作为领导者，自己有责任将这份价值观传递给更多的人。因此，我积极参与行业交流会、分享会等活动，将自身的经验和理念传递给更多同行和合作伙伴。我希望通过这种方式，与更多人产生共鸣，共同推动行业的健康发展和社会进步。

回顾自己带领团队之路，我深刻体会到明确价值观对于领导者的重要性。正确的价值观不仅是行动的指南针，更是心灵的灯塔。在未来的日子里，我将继续坚守自己的价值观，以更加坚定的步伐带领团队前行。

我相信，只要自己心中有爱、有信仰、有责任，就没有什么能够阻挡前进的步伐。

行动与价值观保持一致

价值观，是个人或组织判断事物价值的基本标准，它如同深埋地下的根系，虽不见其形，却支撑着整个组织的生长与繁荣。在职业生涯的早期我就意识到，一个强大的企业，不仅要有明确的愿景和战略，更要有深入人心的价值观。而领导者，作为价值观的传播者与践行者，其行动与价值观的一致性，是激发团队凝聚力、创造力，以及赢得外界信任的基石。

我深知作为一位领导者，好的言行、好的决策，指引着团队的方向，影响着组织的氛围与长远发展。因此，我始终坚信并践行一个原则：领导者应使自己的行动与价值观保持一致。这不仅是对自我的提升，更是对团队、对企业负责的重要体现。

多年前，我加入一家正处于转型期的科技企业，担任 CEO 一职。这家公司虽然技术领先，但在市场竞争日益激烈的背景下，员工士气低落，部门间协作不畅，企业文化近乎缺失。上任之初，我深入调研，发现问题的根源在于公司虽有明确的价值观宣言，但长期以来，这些价值观仅停留在口号层面，未能在日常管理和决策中得到充分体现。

面对这一挑战，我意识到，要真正让价值观生根发芽，必须从自己做起，让行动与价值观高度一致，强化价值引领。

首先，我与核心管理层一起，对团队的现有价值观进行梳理和重新定义，确保其既符合公司的长远发展需要，又能触动每位员工的心灵。随后，通过多次全员大会，用生动的故事和实例，深入浅出地阐释了每一项价值观的内涵与意义，让每位员工都能深刻理解并产生共鸣。

作为领导者，我深知"身教重于言传"的道理。在日常工作中，我始终将公司的价值观作为自己行动的指南。比如，我们倡导"客户至上"，我就亲自参与客户回访，倾听客户声音，不断优化产品和服务；我们强调"团队合作"，我在决策时充分听取各方意见，鼓励跨部门协作，共同解决问题。我的这些行为，逐渐被团队所效仿。

为了确保价值观的有效落地，我推动建立了基于价值观的绩效评估机制。在考核员工时，不仅看个人的业绩指标，更看重其行为是否符合公司价值观。同时，对在践行价值观方面表现突出的个人和团队给予公开表彰和物质奖励，形成正向激励。

然而，价值观不是一成不变的教条，它需要随着时代的发展和公司的成长而不断进化，如此才能保持生命力。因此，我定期组织价值观研讨会，邀请专家、员工代表共同参与，探讨如何在新形势下更好地践行和传承公司的价值观。

经过一年多的努力，公司发生了显著的变化。员工士气高昂，团队协作更加紧密，企业文化逐渐形成，客户满意度和市场份额也显著提升。更重要的是，我们形成了一个以价值观为核心的强大团队，无论面对何种挑战，都能保持高度的凝聚力和战斗力。

其实，这一过程并非一帆风顺。我也曾遇到过质疑和阻力，甚至有时会因为坚持自己的原则而得罪一些人。每当这个时候，我都会提醒自己，作为领导者，我必须坚守初心，让行动与价值观保持一致，因为这不仅是对自己的承诺，更是对团队、对企业未来负责。

回顾这段经历，我深刻体会到，领导者使自己的行动与价值观保持一致，不仅是对个人修养的提升，更是推动组织持续健康发展的关键。它要求我们不仅要有清晰的价值观认知，更要以坚定的信念和不懈的努力将价值观转化为实实在在的行动，推动企业健康发展。

建立共同认可的价值观

安捷伦科技公司的战略营销总监迈克尔·詹尼斯反思自己的领导之旅时发现：真正的领导力量和才能来自自己。

美国铁路公司的战略总监苏玛雅·沙基尔对此持有相同的观点，她经常问自己：我的领导哲学是什么？我的立场是什么？对我来说什么是重要的？我要遵循什么方法？我要传达什么信息？我的期望是什么？这么多东西一下子涌进来，看似有些缺乏秩序，但只要抓住核心，一切就都井然有序了。这个核心便是领导者的核心价值观。

沙基尔整理了一份基本的指导原则，并与每一位团队成员分享了她的价值观。注意，此处的用词是"分享"，而不是"传达""告知"，更不是"指示""命令"。分享是一种建立在平等地位上的交流沟通，在此过程中没有任何的以上示下的意思。

沙基尔没有告诉每位成员她想从他们那里得到什么，而是公开且明确地表达了自己的价值观，以及明确每天对自己行为的标准。这样无声的表达可以说为团队成员理解她是怎样的一个人提供了一种生动的方式，团队成员因此能够更好地理解她的行为和决定背后的原因，从而也就能清楚自己可以从上级那里得到什么，自己不可以做什么。

沙基尔发现，别人知道她的立场后，能够促使他们也去探索自己的价值观，从而让团队成员彼此之间变得透明，可以有效协同地工作。

对詹尼斯的发现和沙基尔的管理理念进行思考，结合自己多年的领导实践，我深刻明白了一个道理：一个组织能够持续成长、高效运作的核心，在于其成员间共同认可的价值观。这些价值观如同组织的灵魂，指引着每一位成员的行动方向，促进团队内部的团结协作，为企业的长远发展奠定坚实的基础。

初次担任管理职务的管理者将面临诸多挑战，其中之一便是如何有效管理一个多元化的团队。团队成员背景不同，拥有各自的工作习惯和思维方式，这使得我在推进项目或解决问题时，常常出现意见不合甚至冲突的情况。我开始意识到，单纯依靠权力和制度进行管理，虽能维持表面的秩序，却难以激发团队的内在动力和创新精神。正是在这种困惑中，我逐渐认识到建立共同价值观的重要性。

首先，团队需要明确什么是共同认可的价值观。在我看来，它不仅仅是挂在墙上的标语或写在手册上的文字，更是深深植根于每个成员心中的信念和原则，是团队在面对选择、挑战和诱惑时共同遵循的标尺。拥有共同的价值观能够起到的作用有：①增进凝聚力：让成员感受到归属感和使命感，促进团队内部的情感联系；②指导决策：在复杂多变的环境中，为团队提供清晰的决策依据；③激发潜能：激发成员的积极性和创造力，鼓励他们超越自我，追求卓越；④塑造文化：长期而言，共同的价值观将塑造出独特的企业文化，成为企业的核心竞争力之一。

以下，我将结合自身的经历，详细阐述领导者如何建立并维护这种共同认可的价值观。一共分为四个方面：

（1）深入调研，倾听他人心声。为了找到真正能够凝聚团队的力量之源，我首先进行了深入的调研。通过一对一访谈、小组讨论和匿名问卷等方式，收集了团队成员对于组织现状、个人发展、团队合作等方面的看法和建议。在这一过程中，我特别注意倾听那些平时不太发言成员的声音，力求全面了解团队的多样性需求。

（2）提炼共识，形成价值观。在收集到足够的信息后，我组织了一次全员大会，邀请大家共同参与价值观的提炼过程。会上，我引导大家回顾团队的成长历程，分享各自的价值观和愿景，然后通过小组讨论和投票的方式，逐步筛选出大家普遍认同的关键词。最终，我们共同确定了"诚信为本、创新驱动、团结协作、客户至上"并将其作为我们团队的核心价值观。

（3）宣传实践，深入人心。为了让这些价值观真正深入人心，我采取一系列措施进行宣传和实践。首先，我们将价值观融入日常工作中，通过制定相关制度和流程，确保每一项决策和行动都能体现这些价值观。其次，我鼓励团队成员参与各种形式的学习和交流活动，如读书会、工作坊、案例分享等，不断加深对价值观的理解。最后，我们还建立了"价值观之星"评选机制，对在工作中在践行价值观方面表现突出的个人或团队给予表彰和奖励，以此激励全体成员积极实践。

（4）持续反馈，动态调整。价值观的建立过程，需要随着组织的成长和外部环境的变化而不断调整和完善。因此，我建立了一套完善的反馈机制，鼓励团队成员就价值观的执行情况提出意见和建议。同时，我定期组织复盘会议，回顾过去一段时间内团队在践行价值观方面的得失，及时调整策略，确保价值观始终能够引领团队沿着正确道路前行。

经过一段时间的努力，我们团队的共同价值观逐渐得到了大家的认可和践行。成员间的沟通更加顺畅，合作更加紧密；在面对困难和挑战时，大家能够齐心协力，共同寻找解决方案；同时，团队的创新能力和客户满意度也显著提升。

当然，我也意识到，价值观的建设是一个长期而复杂的过程，需要领导者具备高度的敏锐性和足够的耐心。在未来的工作中，我需要继续深化对团队价值观的理解，不断优化管理机制和流程，确保我们的团队能够始终保持旺盛的生命力和强大的竞争力。

我相信，只有当每个人的行动都与公司的价值观紧密相连时，才能真正凝聚成一股不可阻挡的力量，推动企业创造更加辉煌的明天。

发挥领导者的榜样作用

当史蒂夫·斯卡尔克被任命为公司的工厂经理时，他并没有做好准备。当时，他只是简单地依照该公司一直强调的"世界一流工厂"的愿景为自己的领导行为导向。他还与管理团队一起讨论了世界级工厂的定义与特征。他认为，一种强大的安全文化和良好的内部管理是愿景得以实现的关键。

然而，一切仅仅停留在讨论阶段。斯卡尔克在了解了工厂的具体情况后，发现整个工厂并没有达到世界级工厂的状态。为了符合工厂愿景，他不得不在每次客户即将到访时，提醒大家尽快清理工厂，还派人去工厂监督，甚至身体力行在停车场和工厂内部道路上捡垃圾。

逐渐地，斯卡尔克意识到，必须找到一种方法，使做清洁成为工厂日常工作的一部分，并由此逐渐覆盖实现"世界一流工厂"愿景所需的其他方面。

究竟该如何做呢？其间斯卡尔克采用了不同的方法，基本是围绕"设定制度＋绩效考核"展开，但都收效甚微。直到他意识到自己的价值观和团队的价值观的作用后，才走上正确的道路。

斯卡尔克开始思考如何通过自身的领导行动力来改变现状。一天，他出去吃午饭时，在一家小商店买了一个大塑料桶，并在桶身上贴了一张"世界一流工厂"的小条。那天下午，他在工厂里走来走去，看到垃圾就捡起来装进桶里，直到最后装不下快溢出来时，他在人们的注视下，将一大桶垃圾带出去倾倒。然后又一言不发地带着桶回来，接着捡，满了后接着倒。很快，整个工厂传开了：斯卡尔克每天花一两个小时在工厂捡垃圾。

没过多久，工厂里出现了更多的垃圾桶，其他管理者们也开始在工厂各处捡垃圾。如果哪个部门或工作组的垃圾桶内的垃圾太多，很显然这是一种让人感到羞耻的状况。捡垃圾逐渐内卷起来，大家不再满足于捡，而是在平时工作时也尽量避免随便扔不必要的垃圾。就这样，垃圾多的情况得到了明显改善。此外，大家还从这个活动中找到了很多关于如何让厂区清洁工作变得更简单的新创意，并且延伸到日常工作中该如何减少垃圾的产生。这不仅限于讨论阶段，而是在讨论形成决议后，切实地去执行。

"通过简单的决定'走出去、捡垃圾'这一行为，做到了以身作则，把我的行为和共同的价值观联系起来。这也帮助我在领导行为中'找到了自己的声音'。我把这个行为变成了每个人的行为……"这是斯卡尔克在向公司总部汇报工作时很有启发性的一段话。

榜样力量是指个体或团队通过其高尚的品德、卓越的成就、积极的行为态度等，对周围人产生正面影响，从而激励他人的一种社会力量。

领导力是训练出来的

在领导语境下，特指领导者通过自身的优秀品质和实际行动，抓住每个机会向团队成员展示他们所信奉的价值观和理想。

作为领导者必须明白这样的道理：没有人会相信你的空口白话，除非他们看见你做了他们要求你做的事。

做一个值得被团队成员信任的领导者，就必须亲身践行自己的价值观。领导者必须把自己及他人普遍认同的价值观融入行动中，即必须做他人可以学习的榜样。在这个过程中，领导者需要发挥表率作用，用自己的言行诠释价值观的内涵和意义，同时注重激发团队成员的积极性和创造力，共同营造一个和谐、进取、创新的工作氛围。

第三章
梦想协同：承诺来自激励，而非命令

梦想的实现，往往需要团队每一个成员的协同努力。这种协同，不应仅仅依靠冷冰冰的命令来维持，而应植根于相互之间的激励与共鸣。真正的领导者，懂得如何点燃他人内心的火种，通过描绘愿景、分享价值，激发团队成员对梦想的渴望与追求。他们深知，每一个承诺都源自内心深处被触动的力量，而非外在的强制与压迫。因此，梦想协同的精髓，在于以激励为引擎，引领团队共赴辉煌。

制定切合实际的目标

在浩瀚的商业海洋中，每一个组织都是一艘航行中的船，领导者则是这艘船的舵手，负责引领团队穿越风浪，驶向成功的彼岸。在这个过程中，目标的制定如同航行中的灯塔，为航行指明了方向。然而，并非所有的灯塔都能照亮前行的道路，只有那些切合实际又清晰明了的目标，才能成为团队前进的动力。因此，领导者如何制定切合实际的目标，成为管理艺术中不可或缺的一环。

目标的制定并非易事，要求领导者具备广阔深远的视野、深入细致

领导力是训练出来的

的分析能力,以及对现实问题的敏锐洞察力。在理想主义与现实主义的交织中,领导者需要找到那个微妙的平衡点,制定出既具有挑战性又符合实际情况的目标。

理想主义为目标的制定提供了无限可能,鼓励领导者勇于探索未知领域,敢于设定超越当前水平的宏伟目标,这种精神是推动组织不断向前发展的重要动力。然而,仅有理想主义是远远不够的。在现实世界中,资源有限、竞争激烈、环境多变等因素,时刻考验着组织的生存能力。如果目标过于理想化,脱离了实际情况,不仅难以实现,还可能给团队带来挫败感和迷茫感,影响团队的凝聚力和执行力。

因此,领导者在制定目标时,必须充分考虑现实因素,确保目标切实可行。这就要求领导者具备深厚的行业知识、敏锐的市场洞察力,以及对组织内部资源的精准把握。只有这样,才能制定出既符合组织愿景又符合实际情况的目标,为团队的稳健前行提供有力保障。

以下是领导者制定切合实际目标的策略与方法:

1. 深入调研,把握市场脉搏

在制定目标之前,领导者先进行深入的市场调研。通过收集和分析行业数据、竞争对手动态以及客户需求等,全面了解市场环境和行业趋势,以帮助领导者准确把握市场脉搏,为目标的制定提供科学依据。同时,市场调研还能帮助领导者发现潜在的市场机会和风险,为组织的发展提供新的思路和方向。

某电商企业在制定年度销售目标时,领导者带领团队进行了全面的市场调研。他们不仅分析了竞争对手的销售额、市场份额以及营销策略等信息,还通过问卷调查、用户访谈等方式深入了解目标客户的需求和偏好。基于这些调研结果,企业制定了既具有挑战性又符合市场需求的销售目标，并通过优化产品结构、提升服务质量等措施成功实现目标。

2. 评估能力，确保目标可行

在制定目标时，领导者还需客观评估组织自身的资源和能力，包括技术实力、人才储备、资金状况以及管理能力等多个方面。通过全面评估组织的能力水平，领导者可以确保目标既不保守也不激进，而是与组织的实际能力相匹配。在充分帮助团队提升信心和执行力的情况下，保证目标能够顺利实现。

一家正在谋求转型发展的企业在制订年度增长计划时，领导者不是盲目追求高增长率，而是先对公司的技术团队、市场渠道、资金状况等进行全面评估。根据评估结果，他们制定了相对稳健的增长目标，并通过加强内部管理、优化产品功能以及拓展市场渠道等措施逐步实现目标。这种务实的态度不仅赢得了投资者的信任和支持，也为企业的长远发展奠定了坚实基础。

3. 遵循 SMART 原则，明确目标要求

为了确保目标的可操作性和可达成性，领导者在设定目标时应遵循 SMART 原则，即目标应具有具体性（Specific）、可衡量性（Measurable）、可达成性（Achievable）、相关性（Relevant）和时限性（Time-bound）。通过设定 SMART 原则下的具体目标，领导者可以清晰地知道团队需要怎么做、做到什么程度以及何时完成，这样可以大大提升团队的执行力和协作效率。

某制造企业在制定生产效率提升目标时，遵循了 SMART 原则。他们设定的目标是"在未来三个月内，将生产效率提高 20%"。这个目标既具体又可测量（生产效率提高 20%），同时考虑了企业的实际能力和市场需求（可达成性和相关性），并设定了明确的"三个月"时间限制（时限

性）。通过制定这样的目标，企业清晰地知道努力的方向和评价标准，从而有针对性地采取措施有效提升生产效率。

综上所述，通过深入调研、评估能力以及遵循 SMART 原则等方法，领导者可以制定出既具有挑战性又符合实际情况的目标，为团队的稳健前行提供有力保障。在未来的征途中，作为领导者必须以更加明智和务实的态度面对每一个目标，用实践铸就辉煌，共同推动组织向更高更远的目标迈进。

明确合作目标与角色分工

在任何领域，要想使一群人积极地共同努力工作，就必须有使他们凝聚在一起的共同目标。当人们懂得，除非人人成功，否则自己也无法成功，或者至少知道只有通过共同努力才能获得成功时，人们就有了互相依存的意识。"如果你希望个人之间、小组之间、团队之间能够协同工作，你就必须给他们一个协作的理由，而最好的理由就是人们常说的目标，只有通过协作才能完成的共同目标。"这是国际绩效管理服务提供商的项目经理莎拉·巴尔杜齐在回忆其个人最佳领导经历时所讲的。

公司重组时，巴尔杜齐被选为某部门的领导者，不久之后，该部门因为工作需要，人数增加了一倍。面对这么多的新员工和新设的岗位，每个人日常工作的重要性对于整个组织来说似乎并不明显，但巴尔杜齐很清楚，每个人的工作都很重要，她必须营造一个充满信任的工作氛围，并促使自己与员工、员工与员工之间建立起良好的关系。

为了加强团队成员之间的相互联系，巴尔杜齐将工作划分为不同的板块，并基于成员不同的专项优势和实际工作的具体要求，安排他们分别去了6个不同的小组。比如，有专门负责美国之外的英语和非英语顾客的对外小组，有专门负责解决一切与运输问题有关的配送小组，有专门负责退款与退货的售后服务小组，等等。

为了给各组的成员提供展示和发展的机会，巴尔杜齐给每个组设置了一名小组长，并要求小组长必须保证本组的工作岗位被合理分配，工作保质保量完成，且成员们的工作满意度至少达到80分（满分100分）。

毫无疑问，巴尔杜齐是合格的领导者，她明白为了树立团队协作的意识，需要有一个团队为之奋斗的共同目标，而不是散沙般的个人目标。为了成功合作，还需要为团队中的每个人设计合适的角色，使得他们的成果对于整体目标而言，具有积累性和叠加性的效应。

在多元化、多层次的团队结构中，成员之间可能存在不同的背景、经验和价值观。明确合作目标有助于统一思想、凝聚共识，减少因误解和分歧而产生的内耗。一个清晰、具体、可衡量的目标，能够激发团队成员的积极性和创造力，使他们在追求目标的过程中形成合力。当团队成员对目标形成共同认知时，他们之间的协作将更加顺畅；如果每个成员都明确自己为何而战，团队的整体力量将得到极大提升。

再通过合理的角色分配，可以确保每项任务都有专人负责，避免工作重叠和责任推诿。角色分工也能够发挥团队成员的特长和优势，提高工作效率和工作质量。在分工明确的团队中，成员之间能够形成互补优势，共同推动任务高效完成。

为了确保角色分工的高效性，领导者需要对每个成员的角色进行清晰界定，包括明确成员的职责范围、工作标准以及与其他成员的协作关系等。通过制定详细的岗位说明书或任务清单，可以帮助成员更好地理

领导力是训练出来的

解自己的角色定位和工作要求。

需要注意的是，工作环境和任务需求往往会随着时间和项目的进展而发生变化。因此，领导者需要具备灵活调整和优化角色分工的能力。在团队协作过程中，应及时关注成员的表现和反应，根据实际情况对角色分工进行合理调整，以保持团队的活力和成员的适应性。

关于如何具体有效地明确团队合作目标与角色分工，可以分为四个方面（见图3-1）。我们借助一个案例进一步阐述。

A 深入沟通，达成共识

B 制订详细计划，明确执行路径

C 建立有效的监控与反馈机制

D 强化激励机制，激发团队潜能

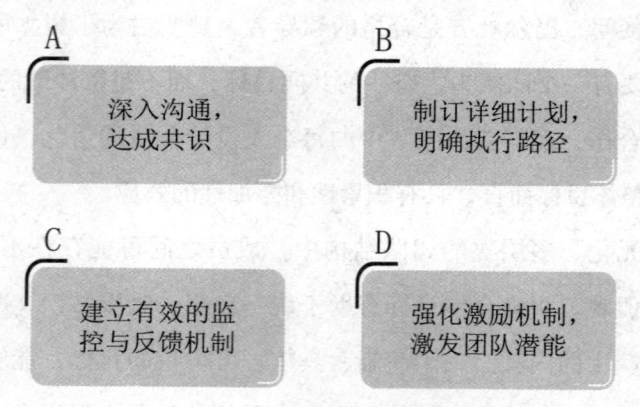

图3-1 领导者明确团队合作目标与角色分工的方法

某科技公司近年来在市场竞争中屡创佳绩，其背后的团队建设功不可没。该公司领导者深知明确合作目标与角色分工的重要性，因此从团队组建之初就注重这方面的建设。

首先，该公司领导者通过深入的市场调研和战略分析，制定了明确的合作目标。这些目标既符合公司的长远发展规划又具有一定的挑战性，能够激发团队成员的积极性和创造力。

其次，在角色分工方面，该公司领导者根据团队成员的专业背景和技能特长进行了合理的角色分配。同时，制定了详细的岗位说明书和任务清单，确保每个成员都清楚自己的职责范围和工作要求。

在执行过程中，该公司领导注重与团队成员的沟通与交流。他们定期召开团队会议，了解工作的进展和存在的问题，并及时调整和优化角色分工。此外，还设立了奖励制度和晋升机制，激发团队成员的积极性和创造力。

通过实施这些措施，该公司形成了高效协同的工作氛围，团队具有强大的执行力。在市场竞争中屡创佳绩的同时也为公司的长远发展奠定了坚实基础。

综上所述，通过深入沟通，达成共识；制订详细计划，明确执行路径；建立有效的监控与反馈机制以及强化激励机制，激发团队潜能；可以确保团队合作目标的顺利实现和角色分工的有效执行。在这个过程中领导者发挥着至关重要的作用。他们需要具备敏锐的洞察力、果断的决策力和卓越的领导力来引领团队不断前行，实现共同的目标和愿景。

想象未来各种可能的场景

"人类是唯一思考未来的动物，"哈佛大学心理学教授丹尼尔·吉尔伯特这样说，"人类大脑最伟大的功能就是能够想象那些超乎现实的对象和事情，这使得我们可以畅想未来。人类的大脑就是一部预测机器，展望未来是它最重要的功能之一。"

在现实中，信念往往会支撑一个人度过最艰难时刻。在管理领域也同样适用，把激动人心的可能性想象成共同的愿景，也可以让组织度过艰难时刻。

但是，如果你询问一位领导者，愿景究竟来自何处时，他们的描述往

领导力是训练出来的

往是一些感受或者直觉的反应，缺乏清晰的逻辑，通常很难描述到位。

《哈佛商业评论》长期研究高管决策的前高级编辑奥尔登·哈亚希说过，在我访谈企业高管如何进行聪明决策时，没有人能够清楚地解释他们是如何违背逻辑进行直觉的决策的，为了描述他们决策时的模糊感受，他们常常使用职业判断、直觉、内在声音等词汇，但他们不能完整描述决策的过程。

要知道，展望和想象不是逻辑的活动，很难解释清楚和进行量化。但这些难以描述的能力对于卓有成效的领导者而言至关重要，哈亚希认为这种"X因素"是区别卓越领导力和一般领导力的关键所在。

每个领导者想要传递价值观，都需要一个主题、一个愿景、一种代表未来的画面感，来帮助自己实施领导活动。但是，领导者是否具备"描绘出员工渴望实现的蓝图"的能力呢？也就是说，领导者是否可以清晰描绘出组织的未来会是什么样子呢？

能在这种领导行为中投入最多的领导者，其下属的工作态度一定是最积极的。数据也表明了这一点。在哈亚希的统计中，在这种领导行为评分排名前10%的领导者中，其73%的直接下属表示"强烈同意"，而且会更努力地工作，下属甚至会在必要的时候主动延长工作时间；而这种领导行为评分排名最后的10%的领导者中，只有不到15%的直接下属会主动向领导者汇报工作，几乎没有下属赞同领导者的领导行为。

因此，领导者在带领团队向前发展的过程中，十分重要的就是具备激发员工想象力的能力，引导他们共同构想并探索未来的多种可能性。那么，领导者应如何带领员工想象未来各种可能的场景？

1. 设定清晰的愿景与目标

领导者需要为团队设定一个清晰的、激动人心的愿景，而这个愿景应当超越当前的状态，指向一个更加美好且可实现的未来。愿景应当十分具体，让员工能够感知到其将来实现时的轮廓，同时又留有足够的想象空间，以激发员工的创造力和探索欲。通过明确的目标，员工可以理解自己工作的长期价值，从而更有动力去探索实现这些目标的不同路径。

2. 保持开放的心态

领导者还应鼓励团队成员保持开放的心态，接受并欢迎不同的观点和想法。在团队中营造一种安全、包容的氛围，让员工敢于提出自己的见解，即使这些见解可能并不成熟或与传统观念相悖。通过鼓励团队成员跳出舒适区，挑战现有框架，以激发员工更多的创新思维和想象力。

3. 运用场景规划工具

利用场景规划（Scenario Planning）等工具系统地探索未来可能的发展趋势和场景。场景规划可以有效地帮助团队考虑多种未来可能的情况，包括最好的、最坏的以及中间的多种可能性。通过模拟不同场景下的决策和行动，团队可以更好地理解不同决策可能带来的影响，从而做出更加明智的选择。

4. 组织集体讨论与共创活动

组织定期的集体讨论和共创活动，让团队成员共同参与未来场景的构想。通过小组讨论、角色扮演、故事讲述等方式，引导员工从多个角度思考未来，并将个人的想象力汇聚成团队的智慧。这些活动不仅能够激发员工的创新思维，还能增强团队之间的沟通和协作能力。

5. 强调行动与持续学习

鼓励员工将想象转化为实际行动，通过小范围试点或快速迭代的方式测试不同的假设和想法。同时，建立一种持续学习的企业文化，鼓励团队成员从失败中吸取教训，不断调整和完善自己的想象和计划。通过行动与学习的循环，团队可以更加准确地把握未来的脉搏，并不断调整自己的方向和策略。

6. 关注技术与趋势

领导者应密切关注行业内的技术发展和市场趋势，了解这些变化如何影响组织的未来。通过分享最新的研究成果、行业动态和成功案例，激发员工对未来可能性的思考和想象。同时，鼓励团队成员保持好奇心和学习热情，不断提升自己的技能和知识水平。

综上所述，领导者在带领员工想象未来各种可能出现的场景时，需要设定清晰的愿景与目标、保持开放的心态、运用场景规划工具、组织集体讨论与共创活动、强调行动与持续学习以及关注技术与趋势。通过这些措施的实施，可以激发员工的想象力和创造力，为团队的未来发展奠定基础。

对目标的真诚信仰

当人们缺乏激情时，是看不到未来的，因此，展望未来必须能够深刻感受到内心深处的激情。作为独立的个体，必须找到某种重要的东西，以让自己愿意付出大量的时间和精力，承受各种挫折，战胜一切困难。

领导者要做的事情，往往一个人很难完成，需要整个团队、企业成员共同奋斗，这就需要所有人都能心往一处想、劲往一处使。在这个奋斗过程中，领导者不能强加给下属愿景，因为强加的愿景是没有意义的。一定要让下属自己感受其中的意义，只有这样才能提高领导者工作的有效性。

要让下属感受到工作的意义，需要领导者在言行中认可工作的重要意义，展现对目标的真诚信仰。当领导者表现出强烈的使命感时，下属往往会有更高的参与度和更佳的自我表现。

安德鲁·雷泽帕是英国曼彻斯特见习律师协会的主席，在上任之初需要主持一次国家培训生律师团会议。这次会议面向英国所有的培训生。雷泽帕向同事们宣布，他将竭尽所能确保至少300人参加，但3个星期过去了，报名的人数只有77人。

雷泽帕意识到，这不是他一个人的工作，需要调动他人的积极性来共同完成。在一次内部会议中，他对下属说："我激动地说，想象一下，如果我们召开了一次人气旺盛的会议，看看周围云集的参会者，想着我们达到了目标，这种感觉多好啊！"然后他又问委员会成员是否愿意亲自承诺实现这一目标？参会的20人中有16人说：是的，他们愿意尽一切可能让这次会议取得成功。此后，委员会成员明显比以前更有激情地工作了。最终经过他们的努力，成功召集了316人参加会议。雷泽帕的激情不仅激发了他自己的动力，他还用自己的热情表达了对目标的信仰，让其他人看到了他努力工作可以实现未来更多的可能性。

由此可见，领导者表现出对目标的真诚信仰，是构建高效、有凝聚力团队的核心要素。真诚信仰是领导者内心深处对组织或团队目标的坚定信念和执着追求。这种信仰不仅仅停留在口头表达上，而是体现在实际行动和决策上。对于领导者而言，真诚信仰是驱动他们不断前行、克服困难的动力源泉，也是感染和影响团队成员的关键因素。

领导者必须明确团队的目标，并对此持有不可动摇的信念。他们应该深刻理解目标的意义和价值，将其视为自己职业生涯的重要部分，并愿意为之付出努力。在努力的过程中，领导者的行为是团队成员的镜子，

53

领导者通过自己的言行举止，向他人展示对目标的真诚信仰。例如，在工作中展现出高度的责任感和敬业精神，对待困难不退缩、不放弃，用实际行动证明自己的信念。

领导者对目标表现出真诚信仰时会感染和影响团队成员，使他们逐渐形成共识。团队成员会因为共同的目标和信仰而团结在一起，从而形成强大的合力，共同为目标的实现而努力。

在实现目标的过程中，难免会遇到各种挑战和困难。真诚信仰能够让领导者和团队成员拥有坚韧不拔的意志，勇于面对挑战并寻找解决方案。他们不会因为一时的挫折而气馁，而是会坚持不懈地努力，直到实现目标。

感召他人参与实现共同愿景

简·帕卡斯曾在 Hilti 公司全球的很多分公司担任领导职务，都取得了非常不错的成绩。当他抵达澳大利亚分公司时却发现：相比 Hilti 公司的国际标准，这家澳大利亚分公司是"非常一般的公司"。

他几乎访问了澳大利亚分公司的每个工作场所，看到的是彩虹般的各种颜色，红橙黄绿蓝靛紫都占全了。这些颜色能代表 Hilti 公司吗？不，更多的是代表竞争对手——博士、德瓦尔特、日立、Makita 等。"是时候统一一个明确的方向了。"帕卡斯对下属说："以往公司没有把战略转化为有形的、易于为普通员工所理解的内容，现在必须把公司团结在一起，让员工们相信，也让他们有动力为之共同努力。"

但是，帕卡斯知道仅靠战略目标是不够的，他认为公司需要把战略转换成为每个人都能轻易看见或描述的东西。他要画一幅图画,要让"澳大利亚红"出现在每一个工作场所。

于是,140个工具出租店由各种颜色变成了200个红色店(其间新加盟的店铺也必须以"澳大利亚红"为主色),这种改变每个员工都看得见。"澳大利亚红"随着Hilti的品牌出现在了顾客的房子、车库、卡车上。随着"澳大利亚红"传播开来,每位经理和员工都能理解愿景对他们而言意味着什么,愿景与他们具体工作的关系。也就是说"澳大利亚红"是一个聚焦点,具有极强的感召力,能够让每个人都因能在公司中成功扮演一个角色而兴奋。

共同愿景作为组织文化的核心之一,是组织成员共同持有的、对未来发展的期望与憧憬。它超越了个人利益,凝聚了集体的智慧与梦想,是激发团队凝聚力和向心力的强大动力。领导者的首要任务,便是清晰描绘出这一愿景,让它如同一颗种子,根植于每位成员的心中。这颗种子蕴含无限的可能,等待被热情与汗水浇灌,最终绽放出绚丽的花朵。

感召是一种超越言语的力量,源自领导者内心深处的真诚与热情,通过情感的传递,触动他人的心灵。领导者要具备强大的同理心,能够深入理解团队成员的需求、渴望与困惑,用自己的言行举止展现对愿景的坚定信念。当领导者真诚地分享自己的愿景,讲述其背后的故事与意义时,便能在团队成员之间建立起一座信任的桥梁,让每个人都能感受到自己与这个愿景的紧密关系。

真正的领导者懂得如何激发团队成员的潜能,让他们在实现愿景的过程中不断成长。这要求领导者具备赋能的能力,即给予团队成员足够的信任和支持,让他们在自己的岗位上发挥最大的作用,实现自己的价值。同时,领导者还需运用多种激励手段,如表彰优秀员工、提供发展机会及建立公平的竞争机制等，以激发团队成员的积极性和创造力。当团队成员感受到自己的成长与贡献得到认可时，他们会更加积极地投入工作，为共同愿景的实现贡献自己的力量。

在实现共同愿景的道路上，领导者需要保持冷静的头脑和坚定的信念，以积极的态度面对挑战，并带领团队找到克服困难的方法。同时，领导者还应具备前瞻性的思维，能够预见并应对可能出现的风险和问题，确保团队始终朝着正确的方向前进。

通过以上阐述可以看出，一个卓越的领导者，不仅仅表现在其个人的能力与成就，更在于其能够激发团队成员的内在动力，感召众人团结一致，共同朝着一个清晰而远大的愿景迈进。这一过程，既是战略的制定与执行，更是心灵的触碰与共鸣，是领导力最深刻、最动人的体现。

将日常工作与卓越使命联系起来

提起领导者和其所应驾驭的领导力，很多人都认为，那应该是一种力量，一种或多或少带有强迫意味的力量。因此，一般的领导者总是喜欢命令下属执行自己的命令，下属即便有相左的意见，通常也不会表达或者根本没有机会表达出来，只能选择执行命令。但这种强制的执行并非领导能力的体现，只是平庸的领导者借助领导权力下达命令而已。

卓越的领导者是不会把自己的意愿强加于人的，他们更愿意将员工内心已经存在的愿景释放出来，唤醒员工的梦想，激发员工的活力，并主动表明自己愿意和大家一起完成伟大的事业。

卓越的领导者也明白，真正驱动人们前进的，是正在从事的一个可以在将来改变他们的经济状况、行业位置和社会地位的事业。这种驱动力不仅爆发于事业顺利之时，也爆发于困难重重阶段。

Trustmark 是一家残疾人福利公司，副总裁南希·沙利在感到很可能无法完成当年的任务指标时，便将下属与超额完成计划联系起来。她向下属描绘了一幅关于他们能够一起实现什么愿景的画面，并向下属展示了如果他们能够投身于工作使命中，他们的长远利益将如何实现。

沙利制定了 6 页纸的工作使命，复印多份后，将它们张贴到每个人都会去的公司餐厅。在她所参加的团队会议、部门会议或一对一谈话中，她都怀着对工作意义和目标的发自内心的坚定，不断强调实现愿景可以帮助大家成为更好的自己。很快，沙利不断强调的这些令人兴奋的未来前景，将人们从枯燥的、机械的工作中解放出来，大家更愿意去想象工作中崇高和有意义的一面。这就让人们的思维层次超越了当下的具体工作，而去展望未来 3 年、5 年，甚至 10 年的目标，看到更多的可能性。

沙利的故事告诉我们，当人们把日常工作与一个卓越的使命联系起来时，会更加乐于付出，并将自己与一个更大的目标连接，这带来了明显的益处，包括心理健康的改善、创造能力的提高、工作表现的提升等。那些找到工作意义的人在工作中会更加投入，也更不可能离职。

以上是领导者引导员工将日常工作与卓越使命联系起来的案例，可以看到这一做法在组织中的重要性。

当员工理解并认同组织的卓越使命时，他们更容易将自己视为组织不可或缺的一部分。通过将日常工作与卓越使命相联系，员工能够感受到自己的工作不仅仅是完成一项任务，而是在为实现一个共同的目标贡献力量。

当员工知道自己的日常工作如何更好地支持组织的卓越使命时，他们会感受到自己的工作更有意义和价值。这种认知能够激发员工的工作热情，使他们更加主动地寻求改进和创新。同时，员工看到自己的努力对组织产生积极影响时，他们的满意度和成就感也会随之提升。这种正向循环能够进一步激发员工的工作热情，从而形成持续的发展动力。

当员工明白自己的工作与组织的卓越使命紧密相连时，会更加关注如何更好地完成工作，如何为组织创造更大的价值。有了这种关注，才能促使员工不断寻求新的方法、新的思路来解决问题，推动组织的持续改进和创新发展。同时，组织也能够通过员工的反馈和建议来不断优化工作流程，从而提升组织效能。

因此，引导员工将日常工作与卓越使命联系起来，有助于构建一种积极向上的组织文化。具体应该如何做呢？

1. 设定明确的目标与使命导向的任务

（1）目标对齐：确保团队和个人的目标与组织的卓越使命紧密相连。在设定年度、季度或月度目标时，明确说明这些目标如何支持组织的卓越使命和愿景。

（2）任务分解：将大型项目或长期目标分解为一系列具体的、可衡量的小任务，每个任务都应明确其使命和对组织的贡献。这样，员工在执行日常工作时，能够清晰地看到自己的工作是如何一步步推进组织向卓越使命前进的。

（3）定期回顾：定期组织团队会议或一对一沟通，回顾任务进展，并讨论这些任务如何体现了组织的使命，以加深员工对使命的理解，并激励他们继续努力。

2. 强化使命教育的实践与体验

（1）实地考察与体验：组织员工考察与卓越使命相关的实地项目或

活动，通过亲身体验，让员工更直观地感受到自己的日常工作对使命的积极影响。

（2）使命故事分享：鼓励员工分享自己或同事在工作中如何践行使命的故事。这些故事既可以是成功的案例，也可以是面临的挑战和克服困难的经历。

（3）角色扮演与模拟演练：设计模拟场景或角色扮演活动，让员工在模拟环境中体验如何在不同情境下坚持和践行组织的使命。这种互动式的学习方式能够加深员工对使命的理解和认同感。

3. 建立激励与反馈机制

（1）使命导向的奖励：设立与使命相关的奖励制度，如表彰在推动组织使命方面作出突出贡献的个人或团队。这些奖励可以是物质奖励（如奖金、奖品等），也可以是非物质奖励（如晋升机会、荣誉证书等）。通过奖励机制，激励员工更加积极地践行使命。

（2）即时反馈与认可：建立快速有效的反馈机制，对员工在日常工作中展现出的使命导向行为进行即时认可和表扬，以提升员工的成就感，激发员工的工作动力。

（3）鼓励创新与持续改进：鼓励员工提出改进工作的新想法和新创意，特别是在如何将日常工作与卓越使命更好地结合方面。对于有价值的建议和创意，给予支持和资源投入，以推动组织的持续改进和创新发展。

综上所述，通过上述三个具体方法，领导者可以有效地引导员工将日常工作与卓越使命联系起来，激发员工的工作热情和创造力，推动组织向更高的目标迈进。

第四章
鼓舞人心：以鼓励他人投入的方式践行愿景

鼓舞人心是领导者以非凡魅力与敏锐洞察力激发团队成员潜能的艺术。领导者不仅拥有远大的愿景，更懂得如何用恰当的鼓励与支持的方式，让每一位成员感受到自己是这壮丽蓝图中不可或缺的一部分。通过认可努力、赞扬成就、提供支持等方式，领导者营造出一种积极向上的氛围，让每个人都愿意全心投入工作，为实现共同愿景不懈奋斗。在这样的团队中，每一步都充满了力量与希望，共同迈向更加辉煌的明天。

相信他人的能力

在浩瀚的历史长河中，信任始终是推动社会进步与文明发展的重要力量。从古老的部落联盟到现代跨国企业，信任如同一条隐形的纽带，将个体紧密相连，共同面对挑战，分享成功。

对于领导者而言，相信他人不仅是一种管理艺术，更是深刻的自我修行。这要求领导者放下个人偏见与成见，以开放的心态去接纳不同的声音，以包容的胸怀去拥抱团队的多样性。

但是，领导者对他人的信任，需要经历时间的考验与自我修炼的过程。尤其在当下快节奏的现代职场中，信任的建立往往面临诸多挑战。信息不对称、利益冲突、个人偏见等因素都可能成为建立信任关系道路上的绊脚石。特别是在面对不确定性时，领导者的本能反应可能是收紧自己，减少对他人的依赖，这在一定程度上阻碍了信任的形成与发展。但正是在这种时候，领导者展现出的信任才显得尤为珍贵和必要。

既然信任是组织内部最宝贵的无形资产，是激发团队潜能、促进高效协作、实现共同目标的基石。那么，领导者应该怎样做才能拥有并发挥好这种能力呢？

1. 认识信任价值：从理论到实践的桥梁

领导者需要深刻理解信任的价值。信任不仅能够降低沟通成本，提高决策效率，还能激发团队成员的创造力，增强团队成员的忠诚度，形成积极向上的工作氛围。

哈佛商学院教授斯蒂芬·柯维在他的著作《高效能人士的七个习惯》中强调了"先理解他人，再寻求被理解"的原则。这些原则实际上是对信任建立过程的精炼概括。领导者应当认识到，真正的信任是相互的，它建立在深入了解与尊重的基础之上。

2. 无规避式反思：审视内心的信任障碍

在训练自己相信他人的过程中，领导者必须先进行深入的自我反思。注意，反思必须是深刻的，必须揭示自己内心最不愿被提及的伤疤。

审视自己内心深处是否存在对他人能力的质疑、对失败的恐惧、对控制的渴望等信任障碍。这些信任障碍往往源于过去的经历、个人的性格特质或是社会文化的影响。通过自我反思，领导者可以更加清晰地认识到自己的信任盲点，从而有针对性地进行调整与改变。

3. 建立信任文化：从我做起，以身作则

信任文化的建立，离不开领导者的身体力行。领导者应当成为信任文化的典范，通过自己的言行举止向团队传递出积极、正面的信任信号。主要包括公开透明地分享信息、勇于承认错误并承担责任、积极倾听团队成员的意见与建议等。

当领导者展现出对团队的信任与尊重时，这种氛围就会逐渐渗透至组织的每一个角落，形成强大的凝聚力与向心力。

4. 培养同理心：走进他人的世界

同理心是建立信任的关键。领导者需要努力培养自己的同理心，学会站在他人的角度思考问题，感受他人的情绪与需求。

通过同理心领导者能够更加深入地理解团队成员的处境与难处，从而更加宽容地看待他们的失误与不足。同时，同理心还能帮助领导者更好地预测团队成员的行为与反应，为制定更加科学合理的决策提供依据。

5. 长效沟通：打破隔阂，增进理解

沟通是信任的桥梁。领导者应当注重与团队成员之间保持长期的、有效的沟通，确保信息的准确传递与及时反馈。

在沟通过程中，领导者应当保持开放的心态，鼓励团队成员表达自己的观点与想法，即使这些观点与自己相左。同时，领导者还需要放下身段，主动倾听别人的意见，真正理解团队成员的意愿与需求，避免误解与冲突的发生。通过长期有效的沟通，领导者与团队成员之间的信任关系将得到进一步的巩固与加强。

信任的力量是无穷的。领导者训练自己信任他人的能力，既是对团队负责的表现，也是自己领导力的一种提升。通过认识信任的价值、无规避式反思、建立信任文化、培养同理心及长效沟通等途径，领导者逐步构建起坚不可摧的信任体系，为团队的发展注入源源不断的动力与活力。

向团队表明自己的信任

在企业管理中，领导者对团队的信任不仅是团队凝聚力和执行力的基石，也是激发员工潜能、推动组织创新的关键因素。然而，信任并不是自然而然产生的，它需要领导者通过具体行动来展示和强化。

领导者向团队表明信任的第一步，是明确信任的表达方式，包括言语上的肯定、行为上的支持和情感上的共鸣。

谷歌曾进行一项名为"项目氧气"的内部研究，旨在了解哪些行为对于成为高效管理者最为重要。研究发现，排在首位的是"成为一个好的教练"。谷歌的领导者通过定期的一对一会议以及反馈和辅导，明确地向团队成员表达了对他们的信任和支持。谷歌的领导者相信员工有能力解决问题，只是需要指导和明确方向。谷歌的这种积极的反馈和信任表达，极大地提升了员工的士气和绩效。

领导者向团队表明信任的第二步，是透明沟通与信息共享。领导者应主动与团队成员分享公司的战略方向、业务进展以及面临的挑战，这样才能让团队成员感受到自己是公司发展的重要一环。

亚马逊创始人杰夫·贝索斯推行了一项名为"留门政策"的管理政策。他鼓励所有员工，无论职位高低，都可以随时通过电子邮件直接向他提出问题和建议。这种开放透明的沟通方式，不仅让员工感受到自己被重视，也让他们相信公司愿意听取并考虑他们的意见。

领导者向团队表明信任的第三步，是给予团队成员足够的授权和责任。通过让团队成员承担更多的职责和拥有更多的决策权，领导者传递出对他们能力和判断力的信任。

微软前CEO史蒂夫·鲍尔默强调"成长型领导"的理念，即领导者应该培养下一代领导者，而不是害怕被他们超越。在微软，领导者经常将重要项目交给年轻员工负责，并在背后为他们提供支持和指导。这种授权既锻炼年轻员工的能力，又让他们感受到了公司对他们的高度信任。微软依靠这种信任文化，在内部形成了良性循环，推动了公司的可持续发展。

领导者向团队表明信任的第四步，是及时的肯定和奖励。领导者应当关注团队成员的成就和贡献，及时给予肯定和奖励，让团队成员感受到自己被认可。

星巴克将员工称为"伙伴"，并实施了一系列旨在增强员工归属感和信任感的计划。"伙伴计划"包括股权激励、职业发展，以及全面的福利待遇等。星巴克还设立了"星享时刻"活动，定期表彰在工作中表现出色的员工。这种全方位的认可和奖励机制，让星巴克员工深刻感受到公司对他们的信任和支持，从而更加积极地投入工作。

领导者向团队表明信任的第五步，是建立信任的文化氛围。领导者需要通过组织文化和价值观的塑造，来营造一种信任的文化氛围。这种文化氛围能够渗透到组织的每一个角落，成为团队成员共同的信仰和行为准则。

西南航空以"员工至上"文化而闻名。公司坚信，只有先照顾好员工，才能照顾好顾客。因此，西南航空在员工关怀、培训和发展方面投入大量资源。这种文化氛围让员工感受到自己是公司宝贵的财富，也让

领导力是训练出来的

他们相信公司愿意为他们提供最好的发展机会和福利待遇。这种信任感促使员工更加忠诚地为公司工作，共同推动公司的持续发展。

向团队表明自己的信任是领导者的重要职责之一。从表面看，信任是一种情感的表达，其深层法则是行为的体现和制度的保障。因此，领导者在向团队表明信任的同时，还需要关注信任体系的构建和维护，包括建立公正、透明的决策机制，确保每个团队成员的声音都能被听到；制定明确的职责和权限，避免权力滥用和责任推诿；建立有效的监督和反馈机制，及时纠正不当行为，保护团队成员的合法权益。

总之，领导者向团队表明自己的信任是一个复杂而细致的过程，需要领导者在多个方面付出努力（见图4-1）。

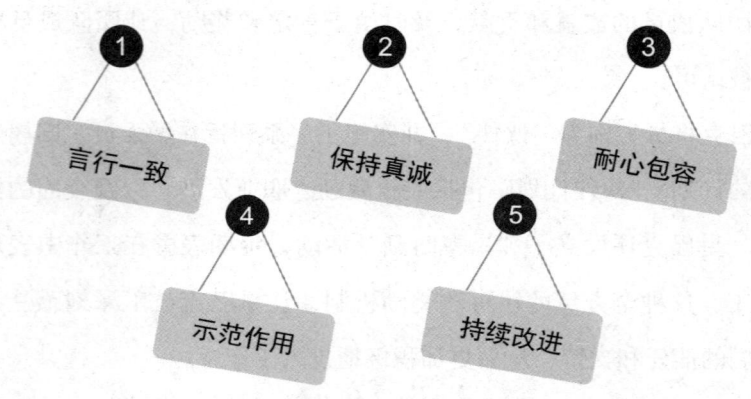

图4-1 领导者向团队表明信任需要努力的方面

1. 言行一致
2. 保持真诚
3. 耐心包容
4. 示范作用
5. 持续改进

通过明确信任的表达方式、透明沟通与信息共享、足够的授权与责任、肯定与奖励、建立信任的文化氛围等策略和方法，领导者可以有效地增强团队的信任感和凝聚力，为团队的成功创造更加有利的条件。在未来的管理实践中，我们期待更多的领导者能够重视信任的力量，积极向团队表明自己的信任，共同推动企业和团队持续进步。

认可是证明价值的重要方式

有人将组织比喻为浩瀚的星图,其中的每一位员工都是独一无二的星辰。这个比喻非常好,因为每个人都有自己的优势,他们都有机会用自己的光芒照亮团队前行的道路。领导者毫无疑问是这片星空的导航者。领导者的认可是对下属努力的肯定,是激发团队潜能的动力,是促进组织持续发展的关键。

无论任何情况,认可都是情感上的联结剂。管理层的认可更让下属感受到自己是组织不可或缺的一部分,从而增强对个人能力的自信心和对组织的归属感。当员工的工作成果被看见、被赞赏时,他们会更加珍惜与组织的连接,愿意为团队的共同目标付出更多。

外在的奖励如奖金、晋升固然重要,但内在的成就感与自我价值的实现更是持久的动力源泉。谷歌的每位员工都可以通过内部系统"Peer Bonus"(同伴奖金)向他们认为表现卓越的同事表达认可,并直接关联到奖金分配。对于高度依赖相互合作的谷歌而言,使同事能够直接在自己的工作主管那里得到物质褒奖,这无疑是一份荣誉。当然,这笔奖金或许钱不多,而且需要经过严格审核,但对于员工的激励作用无疑是巨大的。这种制度促进了同事间的正向竞争与合作,让每一位员工都能感受到来自同事和领导的双重认可。更重要的是,它让每个人都明白,自己的价值不仅仅由上级决定,更在于如何为团队创造价值。

认可不仅是对过去成绩的肯定,更是对未来潜力的期许。当领导者明确指出下属的优点并鼓励其继续发展时，便为下属指明了成长的方向。

国内某新创公司效仿谷歌的认可文化，不仅要认可，还要"及时认可"。每当团队成员完成一项重要任务或提出创新想法时，公司创始人总会在第一时间给予口头表扬，并通过邮件或会议形式在更大范围内宣传。这种及时且公开的认可方式，极大增强了团队成员的自信心和工作热情，项目效率和质量也显著提升。

可见，领导者的认可能够让下属感受到自己工作的意义和价值。当然，这就要求这种认可必须以正确的方式打开，才能收到正向的效果。否则就会适得其反。那么，领导者应如何正确认可下属呢？

（1）认可必须具体化与个性化。有效的认可应当是具体的而非泛泛之谈。领导者应明确指出下属在哪些方面做得出色，如具体技能的应用、团队协作的贡献或是创新思维的表现。同时，结合下属的个人特点，采用个性化的表扬方式，让认可更加贴心和有效。

（2）认可必须公开与私密相结合。根据认可的内容和场合，灵活选择以公开或私密的方式进行。对于团队共享的成就，公开表扬可以增强团队凝聚力；而对于个人努力或敏感话题，私密沟通则更能保护下属的隐私和自尊心。

（3）认可之后要提供成长机会。认可绝不仅是口头上的赞赏，更应是实际行动的支持。领导者应为表现优异的下属提供更具挑战性的工作机会、培训资源或晋升机会，从而让他们感受到自己的成长和发展与组织的认可紧密相连。

（4）认可不是一次性的。认可需要持续进行，不论是情况有利时，还是情况不利时，持续的认可才能收到好的效果。领导者可以建立定期的反馈机制，不仅在下属取得成绩时给予认可，也要在其遇到困难或挑战时提供支持和指导，帮助其克服障碍，实现个人与团队的共同成长。

总而言之，领导者对下属的认可，既是管理艺术的体现，也是形成组织竞争力的源泉之一。通过具体化、个性化、公开与私密相结合、提供成长机会、建立持续认可等方法，领导者可以有效地激发下属的潜能，促进团队的和谐发展。记住，每一次真诚的认可，都是对下属价值的一次深刻诠释，也是组织迈向成功的重要一步。在未来的征途中，让我们携手并进，用认可的光芒照亮彼此的成长之路。

让他人感受到有价值和被支持

加拿大 Christie Digital 公司是数字影院及虚拟制作的领头羊，公司负责生产的产品经理辛尼沙说过，为使自己能领导那些人，你必须接纳他们。我们都是人类，我们需要对他人予以尊重。我让别人感受到价值，别人才能敞开心扉，让我能够了解他人的大脑和心中都在关注什么。我让别人感受到来自我的支持，他们才愿意和我一起工作，我们才有机会共同成就事业。

说得多好啊，成功是相互的！希望自己取得成绩，就要让别人也取得成绩，众人拾柴火焰高，大家一起燃烧自己，光芒一定更加闪耀。

现实也的确如此。一个能够让下属感受到有价值和被支持的领导者，能够建立一支高度凝聚、高效协作的团队，共同面对挑战，实现组织目标。本节将从理念转变、沟通艺术、个性化关怀、成长机会、认可与激励五个方面，探讨领导者是如何实践这一理念。

1. 理念转变：从"管理"到"赋能"

领导者需要从传统的"管理者"角色转变为"赋能者"。这意味着，领导者不再是简单发号施令，而是成为下属成长道路上的引导者和支持者，帮助他们发现自我潜能，提升能力，从而实现个人价值。

在一家创新科技公司，CEO实施了一项名为"梦想加速器"的计划。该计划鼓励员工提出创新项目或解决方案，并提供资源、导师和资金支持。通过这种方式，CEO不仅激发了员工的创造力和主动性，还让员工感受到公司对个人成长和创新精神的重视，从而更加积极地投入工作。

2. 沟通艺术：及时给予反馈

领导者应建立开放、透明的沟通机制，确保信息在团队内部自由流动。通过定期的团队会议及非正式交流等方式，了解下属的想法、困惑和需求，及时给予反馈和支持。

一家知名制造企业采用"圆桌会议"形式，每月组织一次全体员工会议。会上，员工可以就公司运营、工作流程、个人发展等话题提出意见和建议。CEO和高层管理人员认真听取并回应员工的关切。这种直接的沟通方式增强了员工的参与感，让他们更有激情地参与到公司业务中。

3. 个性化关怀：了解并尊重每位下属

每个员工都是独一无二的，他们有不同的背景、技能、动机和职业发展目标。领导者需要深入了解每位下属的特点，为他们提供个性化的关怀和支持，帮助他们克服障碍，从而实现个人成长。

一家国际咨询公司在员工入职时就会进行详细的个人访谈，了解员工的兴趣爱好、职业规划等。根据这些信息，公司为员工量身定制培训计划和发展路径。此外，公司还设立了"心灵导师"制度，由经验丰富的老员工担任导师，为员工提供职业指导和心理支持。这种个性化的关怀让员工感受到公司的温暖，这必然会提升员工的忠诚度。

4. 成长机会：搭建学习与发展的平台

领导者应致力于打造一个学习型组织，为下属提供多样化的学习资源和成长机会，包括在线课程、工作坊、跨部门项目等，从而帮助他们不断提升自我，适应变化。

微软通过"成长心态"（Growth Mindset）文化，鼓励员工持续学习，勇于尝试新事物。公司设立了"学习与发展日"，让员工有时间专注于个人技能提升或探索新的兴趣领域。此外，微软还建立了完善的内部晋升机制，鼓励员工通过实践和学习获得更高的职位和更广阔的发展空间。

5. 认可与激励：激发内在动力

及时的认可和正向的激励是激发员工内在动力的关键所在。领导者应学会发现下属的成就和贡献，无论是大项目的成功还是日常工作的点滴进步。

Netflix的"自由与责任"文化强调高度自治和结果导向。公司鼓励员工主动承担责任，同时给予他们充分的信任和自主权。在认可与激励方面，Netflix采用了"奖金池"制度，根据团队和个人的业绩贡献分配奖金，让员工感受到自己的努力得到了实质性的回报。此外，公司还通过公开表彰、提供晋升机会等方式，进一步激发员工的内在动力。

总之，领导者要有高瞻远瞩的战略眼光，深入人心的管理智慧，通过理念转变、沟通艺术、个性化关怀、成长机会和认可与激励等多方面的努力，领导者可以构建一个充满正能量、高效协作的团队，让每位成员都能发光发热，共同推动组织向更高目标迈进。

| 领导力是训练出来的

让愉悦的力量从精神延续到行动

在当今这个快速变化、竞争激烈的市场环境中，企业的核心竞争力已不仅仅局限于技术、产品或服务本身，更在于其内部文化的构建与团队凝聚力的提升。在这一背景下，领导者的角色显得尤为重要，他们不仅是战略的制定者，还是团队精神的塑造者。懂得如何鼓励员工，让愉悦的力量从精神层面延续到日常行动之中，成为许多成功企业家引领企业持续发展的秘诀。

愉悦，这一看似简单的情感状态，实则蕴含着巨大能量。当员工在工作中感受到被认可、被鼓励时，他们会更加积极地投入工作，创新思维得以激发，团队协作更加顺畅，最终推动整个组织向前发展。正如管理学大师彼得·德鲁克说过，管理的本质就是最大限度地激发和释放他人的善意。

提及鼓励员工，不得不提的是维珍集团创始人理查德·布兰森。布兰森以其独特的领导风格和对员工的深度关怀而闻名。他坚信，让员工在快乐的环境中工作，是创新的源泉。在维珍，没有传统的等级制度，布兰森鼓励员工直接向他提出意见和建议，也允许他们穿着便服上班，营造一种轻松自在的工作氛围。

布兰森通过一系列举措来实践他的鼓励哲学。例如，他设立了"疯狂想法"基金，鼓励员工提出任何看似不切实际但可能具有颠覆性意义的创意，并给予资金支持。这种无界限的鼓励，不仅激发了员工的创造力，也让维珍在多个领域实现了从无到有的突破，包括航空、音乐、旅游等。布兰森的领导力证明了当员工真正地感受到自由和尊重时，他们释放出的能量是无穷的。

史蒂夫·乔布斯作为苹果公司的灵魂人物，他的领导风格深刻地体现了鼓励员工的重要性。乔布斯以其超凡的远见和不懈的激情，激发苹果团队对完美产品的无限追求。他深知，只有让员工深刻理解并认同公司的愿景，才能产生强大的内在驱动力。

乔布斯经常参与产品设计，与团队成员面对面交流，听取他们的意见，并在关键时刻给予肯定和鼓励。他善于发现并放大员工的优点，让他们感受到自身的价值。在苹果公司，每位员工都被视为改变世界的一部分，这种强烈的归属感和使命感，让团队在面对挑战时能够团结一心，不断创新。乔布斯通过自己的言行，向员工传递了一种信念：只要我们相信就能做到。这种信念使苹果公司不断突破创新，成功引领行业潮流。

从布兰森和乔布斯的案例中，我们可以看到领导者身上闪烁着光辉，他们能够以鼓励为引，让愉悦力量驱动行为与精神的双重飞跃。那么，我们可以从中提炼出哪些有效的鼓励员工策略呢？

1. 开放与透明的沟通

领导者应成为信任与尊重的榜样，让员工充分感受到自己是组织不可或缺的一部分。通过开放、透明的沟通方式，减少层级隔阂，展现出领导者及组织对每位员工的重视。

2. 及时认可与表扬

及时表达对员工的认可，无论是口头表扬还是物质奖励，都能有效增强员工的自信心，激发员工的工作动力。

3. 鼓励员工创新

鼓励员工跳出框架进行思考，勇于尝试新想法，即使失败也无须畏惧。要从中吸取教训，不断前行。可以设立创新奖励机制，激发团队的创新潜能。

4. 提供成长机会

为员工规划职业发展路径，提供培训机会和学习资源，帮助他们不断提升自我，在实现个人价值的同时也为组织贡献更多力量。

5. 促进团队协作

鼓励跨部门项目合作，让员工在与其他部门同事的协作中开阔视野，学习新技能，同时增强公司整体的协同能力。

6. 共享组织愿景

清晰阐述组织的愿景和长期目标，与员工共同设定可量化的工作目标，并定期回顾进度和成果，从而让员工理解自己的工作如何与企业整体战略相联系。

领导者懂得鼓励员工，不仅是管理技巧的提升，更是企业文化的深刻塑造。当愉悦的力量从精神层面转化为积极的行动时，整个组织将焕发出前所未有的活力与创造力。正如顶级企业家所展示的那样，鼓励不仅能够激发个体的潜能，更能凝聚团队的智慧，共同开创更加辉煌的未来。在这个过程中，领导者不仅是引导者，更是激发那股愉悦力量的源泉。

庆祝价值的实现与共享成功的喜悦

我们已经知道，认可个人贡献可以提升员工的价值感、自信心，激发员工的工作动力。但认可不能悄悄地做或者循规蹈矩地做，那样所能起到的激励作用将会大打折扣。我们建议，在必要的时候，一定要公开庆祝成功，与下属共享成功的喜悦。

公开庆祝成功为组织提供了一个树立标杆的绝佳机会，让组织有机会呈现其所重视的价值观。试想，当公开表扬一位或一些同事时，其他人一定会思考他们的故事和事迹，也会在适当的时候进行相关讨论。在这个过程中，被表扬者就成为大家学习的榜样。榜样所做的事情，一定是组织所期望的，因为已经证明过这是可行的。

公开庆祝成功不仅会增强被表扬员工的责任感，也会促进其他"观众"责任感的提升。当领导者公开表扬一名员工"你做得很好，感谢你的贡献"，其实也在向更多的人说"他与你们一样，通过自己的努力取得了成绩，你们也可以做到，你们也可以成为榜样"。

雷蒙德·许勒尔是 Intuitive Surgical 公司的产品经理，负责外科缝合器的市场导入。许勒尔觉得将一款智能保冷机作为团队的奖品是有趣的、有价值的。他主动订购了这款保冷机，在每周一次的会议上当众宣布了"智能保冷机奖"，并解释这一做法的含义：这是表达感谢与沟通价值的方式，是为了表彰那些对我们所期望的价值观作出卓越贡献的同事。

"智能保冷机奖"不只是一个奖项，更是一套机制，用来激励和认可员工。这样做等于对外公布一则宣言，表明"这是公司的价值观，也是公司怎么看待你的价值观"。任何作出贡献的人都应得到奖赏，而且因为是公开的，所以更能提醒人们为什么要来这里，为什么要做这些事情，共同的价值观和愿景是什么，这是一个培养和建立集体荣誉感的过程。

公开庆祝价值的实现只是认可员工成绩的一部分，另一部分是与员工共享成功的喜悦。喜悦不是什么奢侈品，一个团队里若没有开心的事，尤其是缺乏对成功认可后的喜悦，就很难承受高强度和高压力下的工作。

领导力是训练出来的

俄罗斯一家连锁餐厅的创始人兼总经理维什尼亚克·波波维耶夫有一条重要的领导经验，就是"无论何种情况下，都要确保你和你的团队开心"。想想这句话，强调的是"无论何种情况"，包括在发展很不好的情况下，都要尽量保障团队每位成员都能够开心，最起码不会不高兴。

但是，现实中一些团队无论在什么情况下，都不会想到要让团队成员开心一些，即便是取得了成绩，也只有创始人或领导者们开心，员工们则没有什么值得开心的理由。这类团队的领导者，显然不明白这样一个道理：愉快会保持生产力，同时还会产生一种所谓的"主观幸福"的情绪。领导者要知道，尽管员工工作是为了赚钱，但是享受工作的乐趣更为重要。国外一家投资公司的首席财经规划师韦恩·托尼谈到了前任经理的故事，他特别喜欢分析计算机复杂代码，这是一项很有难度且很枯燥的事情，但这位经理总是积极主动地去完成，原因就是他在工作中获得乐趣。

因此，有乐趣的工作可以提高人们解决问题的能力，他们会更有创造力，也更高产，也伴随着更低的离职率、更高的道德标准和更高的业绩标准。事实上，领导者起到表率作用，他们为团队成员成功挑战某项任务而高兴和激动时，就会主动传递出一条信息：人们公开表达取得成绩的快乐之情是完全被接受的。

以上我们阐述了很多庆祝价值实现和共享成功喜悦对于组织的好处，领导者也应该这样做，才能真正达到鼓舞人心的目的。

第五章
有前瞻性：做先行者，主动迈向未知的世界

具有前瞻性的领导者，也是时代的先行者，他们勇于挣脱传统束缚，以敏锐的洞察力和大无畏的勇气，主动迈向未知的世界。面向未来的不确定性，领导者要无惧挑战，将挑战视为成长的契机，积极探索，勇于创新。通过大胆尝试、主动突破、积极探索等，领导者不断拓宽视野，引领团队跨越障碍，开辟新的道路。正是这种前瞻性，让领导者与其团队在变革的浪潮中始终占据先机，引领潮流，共创未来。

营造一种大胆尝试的氛围

创新能力是企业持续发展的核心竞争力之一，大胆尝试则作为创新行为的驱动力，可以极大推动企业突破现状，探索未知领域。作为组织的领导者，要努力营造鼓励员工大胆尝试的工作氛围，激发出员工无限的潜能与创造力，由此可增强团队的凝聚力和抗风险能力。

领导者为组织营造大胆尝试的氛围，是因为这能激发员工的创新思维与探索精神，促进组织不断突破自我，适应快速变化的市场环境。在这样的氛围中，员工才能敢于迎接挑战，勇于尝试新方法、新技术，从

而推动产品或服务的持续改进与不断创新。

某企业 CEO 是创新的先行者，在战略制定上展现出前瞻性和创造性，在日常工作中也大力推广创新理念。比如，CEO 亲自参与产品的设计讨论，鼓励团队提出颠覆性的想法，并率先尝试新技术和新方法，以此向全体员工发出"创新从我做起"的明确信号。

为了鼓励员工大胆尝试，该企业建立了多种形式的交流平台，包括内部论坛、创意墙、在线会议等，从而鼓励员工分享创新想法、交流工作经验。交流平台不仅促进了信息的流通和共享，还激发了更多创新灵感。同时，企业还定期组织创新分享会等活动，邀请内外部专家进行交流和指导，拓宽员工的视野和思路。

为了进一步提升员工的创新意识和创新能力，该企业还设立了多个跨部门创新小组，鼓励员工打破部门壁垒，自由组合成团队，共同探索新的业务模式和解决方案。这些小组享有较高的决策自主权，可以快速响应市场变化，推出创新产品和服务。同时，企业还举办"尝试创新日"等特别活动，鼓励全体员工参与创新项目，让大胆尝试成为企业文化的一部分。

该企业还为创新项目提供充足的资源和支持，包括资金、技术、人才等方面。当创新团队或个人提出有价值的想法时，企业会迅速评估并提供必要的支持，帮助团队或个人将想法转化为实际行动。此外，企业还建立了完善的创新项目管理制度，用来确保项目能够有序、高效地进行。

为了激励员工积极参与创新活动，该企业设立了多项创新奖励制度，既包括物质奖励（如奖金、股份等），也包括精神奖励（如荣誉证书、口头嘉奖等）。通过奖励制度，企业向全体员工传递明确的信号：创新是有价值的，创新者将得到应有的回报。

为了适应创新工作的需要，该企业实行了灵活的工作制度。员工根据自己的工作习惯和项目进度，可以选择远程办公或弹性工作。这种灵活的工作制度大大提高了员工的工作效率和满意度，并为他们提供了更多的自由度和创造力发挥的空间。

该企业深知在尝试创新的过程中难免会遇到失败和挫折，因此建立了宽容失败的相关制度。当创新项目未能达到预期效果时，企业不会过分追究参与人员的责任或惩罚相关人员，而是鼓励团队成员从中吸取教训、总结经验，为下一次尝试做好准备。这种宽容失败的态度，让员工敢于大胆尝试、勇于创新。

通过上述多个方面的努力，该企业成功营造了大胆尝试与创新的工作氛围。在这种氛围中，员工们敢于挑战现状、勇于尝试新事物，为企业带来了源源不断的创新动力和发展活力。可见，作为领导者，必须主动打破常规思维，勇于尝试新的想法和方法；为团队和员工建立畅通的沟通渠道，鼓励员工参与决策过程，尊重多元文化和观点；带动并激发员工的创新灵感，并在必要的时刻为员工提供关键性资源与支持，关键是认可员工的付出与成绩；引入外部的新鲜血液和先进经验，从而促进组织整体创新能力的提升；建立相应的容错机制，让员工在尝试新想法时不必过于担心失败的后果；通过表彰那些勇于尝试并从失败中吸取教训的员工，以传递组织对失败的包容态度和对创新的重视。

当领导者做到了上述几点，其自身就成为大胆尝试的榜样和引领者，可以时刻通过自己的言行展示对大胆尝试的重视和支持，引导员工积极参与其中。

鼓励每个人主动寻求突破

我深刻体会到，要推动团队不断向前，最关键的一环在于激发每个人的潜能，鼓励他们超越自我，主动寻求突破。这不仅关乎团队成员的个人成长，更是团队整体进步和创新能力的源泉。

多年前，我曾在一家科技创新公司担任部门经理，负责带领一个由20名年轻工程师组成的研发团队。我们的项目主要集中在人工智能算法的优化与应用上，这是一个充满挑战且竞争激烈的领域。当时，我们团队正面临一个重大挑战：一个核心算法的性能始终无法达到客户的预期目标，而市场上的同类产品已经逐渐赶超我们。

面对这样的困境，我意识到，如果继续沿用传统的思维模式和工作方法，将很难突破当前的瓶颈。于是，我决定从改变团队氛围和激发个人潜能入手，鼓励每个人都能主动寻找解决方案，勇于突破自我限制。

第一是建立信任与安全的环境。我意识到一个具有支持性、无惧失败的环境对于鼓励员工主动寻求突破至关重要。通过一对一的沟通，我向每位团队成员表达了我的信任和支持，明确表示即使失败也是学习过程的一部分，不会被视为负面评价的依据。这种开放和包容的心态逐渐在团队中为员工营造了一个安全且鼓励尝试的工作环境。

第二是设定明确而有挑战性的目标。为此我组织了一次团队会议，共同制定了新的项目目标：在3个月内将核心算法的性能提升30%。这个目标既明确又具有挑战性，能够激发团队成员的斗志。同时，我鼓励大家将这个大目标分解为若干个小目标，每完成一个小目标就是向最终目标迈进一步。

第三是提供资源与支持。为了确保团队成员有足够的资源和支持去实现突破，我积极协调内部资源，包括技术文档、培训机会和必要的硬件设备等。此外，我还邀请了行业内的专家举办线上讲座，为团队成员提供最新的技术动态和解决方案。这些措施有效地降低团队成员在探索过程中的阻力和不确定性。

第四是鼓励创新与试错。在项目执行过程中，我不断强调创新和试错的重要性。我鼓励团队成员勇于提出新的想法和方案，即使这些想法在最初看起来可能不切实际或存在风险。为此我建立了快速迭代和反馈的机制，让团队成员能够迅速验证自身想法的可行性，并根据反馈进行调整和优化。

第五是进行表彰与激励。为了进一步激发团队成员主动寻求突破的积极性，我设立了表彰和激励制度。每当有团队成员提出有效建议或取得重大进展时，我都会在团队会议上公开表扬，并给予一定的物质奖励或提供晋升机会。这种正向的激励机制极大地激发了团队成员的荣誉感，促使更多员工主动寻求突破。

经过几个月的努力，我们团队终于实现了核心算法性能的大幅提升，不仅达到了客户的预期标准，还在市场上获得了广泛的认可。更重要的是，在这个过程中，团队成员们学会了如何主动寻找问题、解决问题，并勇于尝试新方法和新思路。他们变得更加自信、更加有创造力，整个团队的凝聚力和创新能力得到了显著提升。

回顾这段经历，我深刻体会到作为领导者，鼓励每个人主动寻求突破的重要性。这不仅仅是提升团队业绩的手段，更是培养优秀人才、打造创新型组织的必经之路（见图5-1）。

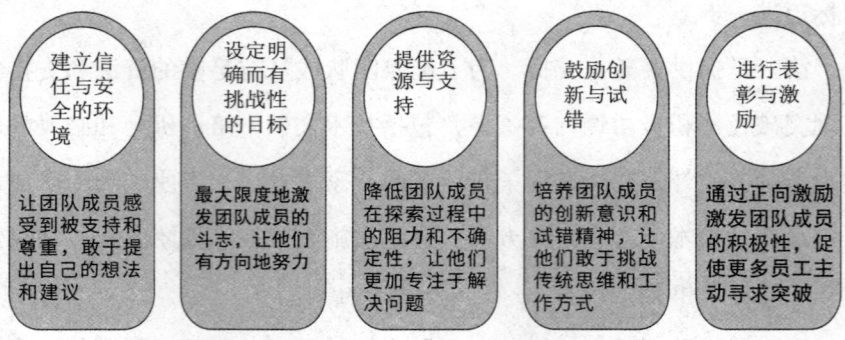

图5-1 领导者鼓励每个人主动寻求突破的方法

建立信任与安全的环境	设定明确而有挑战性的目标	提供资源与支持	鼓励创新与试错	进行表彰与激励
让团队成员感受到被支持和尊重，敢于提出自己的想法和建议	最大限度地激发团队成员的斗志，让他们有方向地努力	降低团队成员在探索过程中的阻力和不确定性，让他们更加专注于解决问题	培养团队成员的创新意识和试错精神，让他们敢于挑战传统思维和工作方式	通过正向激励激发团队成员的积极性，促使更多员工主动寻求突破

总之，作为领导者，应该时刻关注团队成员的成长和发展，鼓励他们主动突破自我限制，不断追求更高的目标和成为更好的自己。只有这样，领导者才能带领团队在激烈的竞争中脱颖而出，实现企业的持续创新和不断发展。

观察经验之外的世界

在新时代背景下，领导者面临前所未有的挑战与机遇。为了带领组织持续前行，领导者必须具备前瞻性的视野，不仅要深耕自身的专业领域，更要时常跳出经验的框架，观察并理解那些看似与日常工作不相关、实则对组织未来影响深远的外部世界。下面，我将通过具体案例阐述领导者如何实践这一理念，并总结一套行之有效的方法。

苹果公司作为全球科技行业的领军者，其成功在很大程度上归功于其创始人史蒂夫·乔布斯及其继任者蒂姆·库克对于经验之外世界的敏锐洞察与不断探索。

在20世纪90年代末至21世纪初，个人电脑市场被微软及其Windows操作系统主导，苹果公司则因产品单一、市场份额萎缩而陷入困境。此时，乔布斯重返苹果公司，他意识到仅依靠传统个人电脑业务已无法让苹果公司重整旗鼓。于是，他将目光投向了经验之外的世界，寻找能够引领苹果公司走向未来的新机遇。

乔布斯观察到，随着数字技术的飞速发展，人们对消费电子产品的需求正在发生深刻变化。他意识到，未来的趋势是"数字生活一体化"，即各种电子设备将无缝连接，共同为用户提供更加便捷、高效的生活体验。同时，他也看到了消费者对美学设计和用户体验的高度重视。

基于这些发现，乔布斯决定带领苹果公司推出一系列革命性的产品，包括iPod、iPhone和iPad等。这些产品不仅重新定义了各自所在的领域，还开创了全新的市场。例如，iPod的推出彻底改变人们收听音乐的方式，iPhone则将手机从单纯的通信工具转变为集通信、娱乐、工作于一体的智能设备。这些创新成果背后，是苹果团队对他们经验之外世界的深入观察与不懈探索。

苹果公司的成功案例告诉我们，领导者必须敢于跳出传统框架，勇于探索未知领域。只有这样，才能发现新的增长点，带领组织和团队走向更加辉煌的未来。为了帮助领导者更好地实践观察经验之外世界的理念，下面是一些行之有效的方法：

1. 保持好奇心与开放心态

领导者首先要保持一颗好奇心，对周围的世界充满探索的欲望。同时，要具备开放的心态，愿意接纳并尝试新的想法和观念。只有这样，才能敏锐地捕捉到那些隐藏在日常经验之外的重要信息。

2. 广泛涉猎与学习

领导者应该广泛涉猎各种知识，参加各类活动，拥有更多的经验和经历，特别是那些涉及不同领域、不同文化的事物。通过学习他人的经验和智慧，激发自己的创新思维，拓宽视野。

3. 跨界交流与合作

领导者应该积极寻求与不同行业、不同背景的专家、学者和企业家进行交流与合作，通过他们的视角来审视自己的领域和行业。这种跨界交流与合作可以为企业发展带来新的灵感和思路，促进资源的整合与共享。

4. 关注趋势与未来

领导者要时刻关注社会、经济和科技的发展趋势，了解事物未来发展的可能性。通过深入研究这些趋势背后的逻辑和动因，可以预测未来的发展方向和机遇。同时，要关注那些看似与当前业务无关但具有潜在影响的新技术、新业态和新模式。

5. 勇于实践与试错

观察经验之外的世界不仅是为了获取信息和知识，更重要的是要将这些新观念、新想法付诸实践。领导者要勇于尝试新事物、新方法和新模式，即使面临失败也要保持乐观的心态。通过不断实践和试错，可以积累经验、完善思路，最终找到适合自己的发展道路。

必须注意的是，在观察经验之外世界的过程中，领导者要建立有效的反馈机制，及时了解实践效果并收集各方面的意见和建议，并通过分析和总结这些反馈信息，从中发现存在的问题和不足并持续改进。同时，也要保持对外部环境的敏感度，及时调整战略方向和行动计划以适应变化。总之，通过一系列正确的方法，领导者才能不断拓阔自己的视野和思维边界，发现新的机遇和增长点。

倾听并促进不同观点的碰撞

在当今这个日新月异的时代,领导者所面临的挑战日益增多。在这样的背景下,领导者的一项核心技能——倾听并促进不同观点的碰撞,显得尤为重要。这一能力能够增强团队的凝聚力,激发创新思维,帮助组织在不确定的环境中作出更加明智的决策,从而保持竞争优势。

倾听,不仅仅是耳朵在工作,更是一种全身心的关注与理解。有效的倾听能够帮助领导者深入了解团队成员的想法、感受和需求,从而建立稳固的沟通信任的基础。这种信任是团队合作的基石,也是促进不同观点交流的先决条件。

不同观点的碰撞是创新路上的重要源泉。团队成员有着不同背景、拥有不同经验和思维方式,他们看问题的角度自然也会有所不同。这种多样性能够带来新颖的视角和解决方案,从而推动组织的创新与发展。

通过倾听并促进不同观点的碰撞,领导者可以获得更全面、更深入的信息,从而作出更加明智和科学的决策。这种决策过程不仅减少了因信息不全或偏见导致的错误判断,还增强了决策的可接受性和可执行性。

硅谷初创公司"智领未来"专注于智能家居技术的研发。在项目初创期,团队面临一个核心挑战:如何设计一款既满足用户多样化需求,又能在市场上脱颖而出的智能家居控制产品。

团队内部,产品经理主张以用户体验为核心,强调简洁易用的界面;技术总监强调技术的先进性和前瞻性,希望集成最新的 AI 技术;市场部门则关注用户反馈和市场趋势，认为产品应更加个性化且易于定制。

面对这些不同的观点，公司CEO保持着开放的心态，倾听各种声音，并给予高度重视。他还召集了一次特别的"创意碰撞会"。会上，公司CEO首先提出一个明确的目标：制定一个既前沿又贴近用户的智能家居解决方案。随后，他鼓励每位成员畅所欲言，无论观点多么独特，哪怕与传统思维相悖。

在热烈的讨论中，不同观点不断碰撞融合。最终，团队决定结合所有优势，打造一款既能通过AI学习用户习惯、自动优化家居环境的智能控制中心，又允许用户根据个人喜好进行高度定制化的产品。这一创新设计不仅赢得了市场的高度认可，也为公司赢得了业界的广泛关注。

通过这件事，公司的CEO受到启发，由此在公司内部实施了"门户开放"政策，即鼓励员工直接向高层管理者提出问题、分享观点或提出建议。该政策打破了层级壁垒，使决策过程更加透明和民主。公司的许多重大决策都可以见到不同层级员工观点的交汇与碰撞。

这个案例向我们展示了领导者如何通过促进不同观点的碰撞，激发团队的创新思维，进而推动产品和服务的持续优化与升级。那么，领导者应该如何做，才能真正达到有效倾听并促进观点碰撞的效果呢？

首先，领导者必须努力建立一种开放、包容的组织文化，如建立公正的反馈机制、保护提出异议的员工免受打击报复等，从而让员工敢于表达自己的想法和意见。面对员工的意见，领导者不仅要主动倾听，还要给予及时地反馈，让员工感受到被重视，从而帮助员工更好地理解和调整自己的意见。

其次，领导者必须组建多元化的团队，以促进观点的碰撞。团队成员的背景、经验和技能越多样化，他们看问题的角度和提出的解决方案就越可能新颖独特。

再次，领导者应定期组织各种形式的活动，为员工提供交流和碰撞观点的平台。同时，还可以利用如在线论坛、社交媒体等扩大讨论的范围和深度。

最后，因为批判性思维能力是有效倾听和促进观点碰撞的重要能力，领导者应鼓励员工学会批判性地思考和分析问题，提出自己独到的见解，不盲目接受他人的观点或结论。

综上所述，倾听并促进不同观点的碰撞是现代领导者不可或缺的能力。只有有效运用这一能力，领导者才能建立更加信任、开放和创新的团队文化，提高决策质量，推动组织在激烈的市场竞争中不断前行。

带着目标去挑战

领导者，作为组织或团队的核心驱动力，其行为与决策往往决定团队的前行方向与最终成果。在复杂多变的环境中，能够具有前瞻性并带领团队克服挑战、实现目标，才是领导者不可或缺的能力。

目标是行动的指南针，它为团队成员提供了共同努力的方向。当领导者清晰地设定并传达目标时，能够激发团队成员的使命感，使大家心往一处想、劲往一处使。这种凝聚力是团队克服挑战、持续前进的重要动力。

挑战往往伴随着不确定性和困难，但正是这些挑战为团队成员提供了成长的机会。领导者带着目标去进行挑战，实际上是在鼓励团队成员跳出舒适区，勇于尝试新方法、新思路。在这个过程中，不仅个人能力得到提升，经验得到积累，同时也增强了团队整体能力。

　　领导者通过设定挑战性目标，并鼓励团队不断探索和实践，以帮助组织快速适应市场变化。这种前瞻性和主动性，是组织在激烈竞争中脱颖而出的重要因素。

　　领导者亲自参与挑战，以实际行动展现决心和勇气，才能树立积极向上的榜样，从而增强团队成员对领导的信任和尊重。这种信任感是团队合作的基础，也是团队在面临困境时能够保持团结、共克时艰的重要保障。

　　华为技术有限公司（以下简称华为）成立于1987年，最初只是一家生产用户交换机的深圳小厂。在创始人任正非的领导下，华为逐步从国内走向国际，成为全球领先的信息与通信技术解决方案提供商。这一成就的背后，是任正非带着明确目标不断挑战自我、突破极限的奋斗历程。

　　华为自创立之初，任正非就意识到了全球化的重要性。他深知，要在竞争激烈的国际市场中立足，就必须具备全球视野和竞争力。因此，他设定了"全球化战略"作为华为的长期发展目标，致力于将华为的产品和服务推向全球每一个角落。

　　在任正非看来，技术创新是华为的核心竞争力。他鼓励团队加大研发投入，不断突破技术瓶颈，推出一大批具有自主知识产权的产品和服务。他强调：华为没有背景，没有资源，唯有努力工作才可能获得机会。这种对技术创新的执着追求，使华为在5G、云计算、人工智能等领域都取得了重大突破。

　　在国际化进程中，华为遇到了许多市场准入的挑战。美国等西方国家和地区出于政治或经济利益的考虑，对华为实施了不同程度的限制和打压政策。面对这些挑战，任正非坚持正面积极地应对，通过加强与当地政府的沟通合作、提升产品竞争力等方式，逐步打开了国际市场的大门。

但是近年来，华为依然遭遇技术封锁和制裁，尤其是某些国家的芯片供应中断。这对华为来说无疑是一个巨大的挑战。然而，任正非并没有被困难击倒，他迅速调整策略，加大自主研发力度，推出了鸿蒙操作系统，努力摆脱对外部供应链的依赖。

为了支撑华为的持续发展和技术创新，任正非高度重视人才的培养和激励机制的建设。他鼓励员工要有敏锐的市场洞察力、不屈不挠的奋斗精神和团结协作的团队精神。同时，他还通过股权激励等方式，激发员工的积极性和创造力，为华为的长远发展奠定了坚实的人才基础。

经过30多年的不懈奋斗，华为已经成长为全球通信技术领域的领军企业。任正非带着明确的目标和挑战的精神，不仅为华为赢得了市场地位和竞争优势，更为国内企业树立了榜样。华为的成功启示我们：在全球化的大背景下，企业领导者必须具备全球视野和战略眼光；技术创新是企业持续发展的核心竞争力；面对挑战和困难时，要拥有坚定的信念和勇气；同时，还要注重人才培养和激励机制的建设，为企业的长远发展提供有力支撑。

对所有能提升组织的方法保持高度敏感

领导者必须对所有能提升组织的方法保持高度敏感，这一原则是现代企业管理中不可或缺的要素。在当今快速变化的市场环境中，领导者若不能紧跟时代步伐，及时把握市场趋势，就可能导致组织滞后于竞争

领导力是训练出来的

对手，失去市场先机。因此，保持对提升组织方法的敏感性，是领导者引领组织适应市场变化、抓住发展机遇的关键所在。

市场环境的日新月异，新技术、新模式层出不穷，创新是推动组织持续发展的不竭动力。组织效能的提升也依赖于管理方法的不断优化和创新。这就要求领导者必须具备敏锐的洞察力、开放的心态以及持续学习的精神，及时识别并采纳那些能够增强组织竞争力、提升效率和促进创新的方法。重点包括两条：

第一，关注行业动态，学习借鉴先进的管理理念和实践经验，结合组织实际情况进行本土化改造和创新应用。通过优化管理流程、提升员工技能、强化团队协作等方式，推动组织效能不断提升。

第二，保持对新技术、新思维的高度敏感，鼓励员工勇于尝试、敢于创新。通过学习新技术、设立创新基金、建立创新激励机制等方式，激发员工的创新潜能，推动组织在产品研发、服务优化、市场拓展等方面能够取得突破性进展。

近年来，随着智能制造和工业4.0的兴起，某中型机械制造企业的创始人深刻意识到传统制造模式已难以满足市场日益变化的个性化、高效化需求。因此，他决定带领企业走"智慧工厂"的转型之路，这体现了他对提升组织方法的高度敏感性。

该企业曾以低成本、大规模生产在市场中占据一席之地。然而，随着市场竞争加剧和客户需求多样化，该企业面临着生产效率低下、响应速度缓慢，以及库存积压等困境。与此同时，国际竞争对手纷纷采用先进制造技术，进一步压缩了利润空间。企业创始人深刻意识到，如果继续沿用传统模式，企业将面临被淘汰的风险。

在一次行业交流会上，这家企业的创始人偶然了解到"智慧工厂"

的概念及其带来的巨大变革。"智慧工厂"通过物联网、大数据、人工智能等先进技术，实现生产过程的智能化、自动化和透明化，能够显著提升生产效率、降低运营成本并快速响应市场需求。这一信息触动了这位创始人的敏感神经，他立即意识到这是企业转型升级的关键所在。

回到企业后，创始人迅速组织团队进行深入调研和认真评估，分析"智慧工厂"转型的可行性、预期效果及可能面临的挑战。在充分论证的基础上，他果断决定启动"智慧工厂"转型项目，并亲自担任项目总指挥，以确保转型工作的顺利推进。

在项目实施过程中，创始人表现出高度的敏感性和前瞻性。他亲自参与技术选型、方案制定和流程优化等环节，确保每个环节都能达到预期效果。同时，他还注重人才培养和团队建设，引进了一批具有丰富经验和专业技能的智能制造人才，为企业转型提供了有力的人才保障。

经过一年多的努力，该企业成功实现了向"智慧工厂"的转型。新的生产线采用了先进的自动化设备和智能控制系统，实现了从原材料入库到成品出库的全链条智能化管理。生产效率提高了30%，库存周转率提高了50%，客户满意度显著提升。更重要的是，该企业通过数字化转型实现了数据驱动决策和精准营销，进一步提升了市场竞争力。

该企业"智慧工厂"的转型之路充分展示了领导者对所有能提升组织方法的高度敏感性。这位创始人敏锐地捕捉到了智能制造的机遇并果断采取行动，引领企业实现了从传统制造向智能制造的跨越式发展。

这一成功案例告诉我们：在快速变化的市场环境中，领导者必须具备敏锐的洞察力和前瞻性的战略眼光，及时发现并把握提升组织的方法和机会。同时，还需要具备坚定的决心和强大的执行力，确保转型工作的顺利推进和预期目标的实现。未来，随着技术的不断进步和市场需求的不断变化，所有领导者都应该学习这个企业的创始人及其团队，时刻保持着高度敏感性，不断探索新的提升组织的方法和路径，推动企业实现更高质量的发展。

第六章
使众人行：一个团队一个声音

在卓越的领导之下，一个团队能够凝聚成一股坚不可摧的力量，实现"一个团队一个声音"的和谐共鸣。这意味着每位成员都能深刻理解并认同团队的共同目标与价值观，心往一处想，劲往一处使。领导者通过真诚、保持开放、付出信任、广泛互惠等，消除内部分歧，促进共识，使团队行动如臂使指，高效协同。在这样的氛围中，个体的才华才得以充分发挥，团队的潜能被无限放大，共同向着既定的目标稳步前行，创造出超越想象的辉煌成就。

最高程度的诚实和真诚

诚实是人际交往中最基本的道德准则，也是构建团队信任的基础。领导者若能在决策、沟通、反馈等各个环节保持高度诚实，就能让员工感受到被尊重，激发他们对组织的忠诚度。当员工相信领导者的每一个承诺都会兑现时，相信领导者作出的每一个决策都基于公司最佳利益时，他们更愿意投入精力，共同面对挑战。

真诚则超越了简单的信息交换，它要求领导者在情感层面与员工建立连接。这意味着领导者需要展现真实的自我，包括自己的优点、不足以及对未来的期许。通过分享个人经历、倾听员工心声、表达感激与认可，领导者才能够营造出一种温馨、包容的工作氛围，让员工感受到自己是团队不可或缺的一部分。

谷歌创始人拉里·佩奇和谢尔盖·布林坚信，透明度是建立信任、激发创新的关键。他们不仅在公司内部广泛分享财务数据、战略规划，还鼓励员工提出疑问和反馈。这种高度的透明和真诚，让谷歌员工感受到自己也是公司的主人，从而激发了他们前所未有的工作热情和创造力。

作为企业的领航者，领导者若能以最高程度的诚实和真诚为基石，构建一个团结、高效、透明的团队，就能打造出众人一条心、一个声音、一种态度的超强团队。策略的核心是"从自我做起，带动全员"。

1. 领导者以身作则

一切改变始于自我。领导者必须首先成为诚实与真诚的典范。领导者应定期进行自我反思，审视自己在工作中的言行举止是否符合诚实与真诚的标准，包括思考自己是否勇于承认错误、是否坦诚面对挑战、是否在沟通中保持透明等。通过反思，领导者能够识别自己在诚实与真诚方面的不足，为后续的改进打下基础。

比如，在面临困难、挫折、挑战时，勇于承认错误，及时分享信息，而不是掩盖或推诿责任。同时，通过日常行为展现出对员工的关心和支持，如定期一对一交流、了解员工需求、提供必要的帮助和指导。

领导者应确保自己的言行与所倡导的价值观和原则保持一致。在承诺之前，应认真评估自己的能力和资源，确保能够兑现承诺。一旦作出承诺，就应全力以赴去实现它。

2. 建立开放沟通机制

开放、双向的沟通渠道是诚实与真诚文化的核心。领导者应鼓励员工大胆地表达意见，无论是对工作的建议还是对领导的不满。为此，可以定期召开员工大会、设立匿名意见箱、举办在线论坛等多种沟通平台，确保信息畅通无阻。

领导者还应主动寻求他人的反馈，包括来自下属、同事、上级以及客户的意见。真诚地倾听这些反馈，并勇于接受其中的批评和建议，是提升自我认知的重要途径。领导者应将反馈视为成长的机会，而不是威胁。同时，领导者参与并认真回应员工的反馈，让员工感受到他们的声音被听见、被重视。

西南航空公司坚信，只有满意的员工才能提供满意的服务。为此，西南航空建立了高度开放的沟通机制，鼓励员工随时向管理层提出意见和建议。公司还设立了"员工热线"，由高层领导接听，直接了解员工心声。这种真诚的沟通态度不仅增强了员工的归属感和忠诚度，还帮助公司不断优化运营，保持行业领先地位。

3. 强化诚信教育，树立正面榜样

除了领导者的示范作用外，企业还应通过培训、文化活动等方式，不断强化员工的诚信意识。可以邀请行业内外诚信典范进行分享，讲述他们的故事和心得；也可以组织内部诚信标兵评选，树立正面榜样，激励全体员工向榜样学习。

1985年，海尔集团创始人张瑞敏面对76台存在质量问题的冰箱，毅然决定全部砸毁。这一举动彰显了海尔对产品质量的极致追求，也向全体员工传递了一个强烈的信号：诚信是企业生存的根本。此后，海尔将"质量意识"深深植入每位员工的心中，逐步发展成为全球知名的家电品牌。

领导者作为团队的灵魂，必须以身作则，通过最高程度的诚实和真诚，团结并激励每一位员工，共同面对挑战，把握机遇。当整个团队都沉浸在一种基于信任、尊重和支持的文化氛围中时，企业的凝聚力和战斗力将得到极大提升。

对所有的想法保持开放

领导者若能对所有想法保持开放态度，就能为企业营造一个鼓励创新、包容失败的文化氛围。在这样的环境中，员工敢于提出新颖的观点，即使这些想法初看之下并不成熟或完美。正是这种敢于尝试、勇于探索的精神，推动了无数企业从平凡走向卓越。

开放心态是创新的温床。当领导者鼓励团队成员自由表达观点，无论这些想法多么异想天开或与传统观念相悖，都能为组织带来新的视角和解决方案，从而推动产品和服务的创新。

开放交流促进了团队成员之间的相互理解和尊重，减少了误解和冲突。当每个声音都被听见，每个建议都被考虑时，团队成员会感受到更高的价值感和凝聚力。

谷歌允许员工每周抽出一定的时间（通常被称为创意时间），去从事自己感兴趣的项目，无论这些项目是否与当前工作直接相关。这种开放的态度激发了员工的创造力，许多著名的产品和技术（如 Gmail、Google News 等）都是在这样的"创意时间"中诞生的。

由此可见，一个能够领导团队有效应对挑战、把握机遇的领导者，必须具备开放的心态，对团队中涌现的所有想法保持高度的敏感性和接纳度。培养开放心态的训练方法具体如下：

定期自我评估：定期反思自己的思维模式，识别并克服可能存在的偏见和盲点。通过日记、冥想或专业辅导等方式，增强自我觉察的能力。

主动学习新知识：保持好奇心，主动涉猎不同领域的知识和前沿技术。通过阅读书籍、参加研讨会、学习在线课程等方式，开阔视野，提升对复杂问题的理解和处理能力。

规范开放沟通：明确设定开放、诚实和尊重的沟通原则，确保团队成员在表达意见时感到安全和被尊重。通过设立"无指责"会议规则，鼓励建设性反馈。

构建多元团队：组建来自不同背景、专业和经验水平的团队，增加观点的多样性。通过多元文化的融合，激发新颖的思维火花。

支持"小步快跑"：鼓励实施"最小可行性产品"或"实验性项目"，通过快速迭代和持续优化来验证想法的可行性。

强化正向反馈：对团队成员的每一次努力和尝试都给予正面反馈，即使结果不尽如人意。通过肯定他们的努力和勇气，增强他们的信心和动力，鼓励他们继续探索和创新。

设立"快速失败机制"：鼓励团队尝试新想法，即使这些想法可能失败。建立容错文化，让团队成员知道失败是通往成功的必经之路，关键是从中得到了学习和成长。

设立创新奖励机制：为提出创新想法并成功实施的团队成员提供物质或精神奖励，如奖金、晋升机会或公开表彰。

培养与塑造同理心：尝试站在他人的角度思考问题，理解他们的动机和需求。通过角色互换练习、情绪智力培训等方式，增强同理心，促进更深入的理解和沟通。

通过采取上述具体训练方法，领导者可以逐步培养起开放的心态，营造一个鼓励创新、尊重多元、勇于探索的团队氛围。在这样的工作环境中，团队成员将更加自信地表达自己的想法，更加积极地参与团队合作，共同推动组织向更高更远的目标迈进。最终，这种开放的心态将成为组织最宝贵的财富。

总之，领导者应对所有的想法保持开放，这是推动企业持续创新、保持竞争力的关键。领导者必须为企业营造一个充满活力和创意的工作环境，让员工敢于梦想、勇于实践，共同推动企业迈向更加辉煌的未来。

付出信任，承担开放自己的风险

信任是任何组织得以持续运转和发展的基石。在领导者与团队成员之间，信任的建立和维护尤为关键。领导者若能主动付出信任，意味着他们相信团队成员的能力、正直和责任感，这种信念会激发团队成员的潜能，促进他们更积极地投入工作，勇于承担责任，敢于创新。

基于信任的团队更容易形成紧密的合作关系，成员之间的沟通更加顺畅，领导者也需要开放自己，他们愿意在团队面前展现真实的自我，包括自己的优点、缺点、经验和教训。这种开放不仅是对团队成员的尊重，更是对自己领导的自信和担当。

当领导者愿意在团队面前展现脆弱和不足时，他们实际上是在向团队传递一种强烈的信任信号。这种信号会让员工感受到领导者的真诚和可信赖，从而进一步加深对领导者和组织的信任。领导者通过开放自己，向员工传递了一种勇于面对自我、追求成长的积极态度，从而激励员工勇于展现真实的自我，共同营造一个更加开放和包容的工作环境。也就是说，领导者只有开放自己，才能打破传统权威的壁垒，促进与员工之间的真诚沟通，领导者与员工之间才得以更好地理解彼此的想法和需求，从而达成更加有效的共识和合作。

在付出信任和开放自己的过程中，领导者不可避免地会面临各种风险。这些风险可能来自信息泄露、决策失误、团队反应不如预期等多个方面。然而，正是这些风险构成了领导者成长的必经之路。领导者可能会承担的风险如下：

1. 决策风险

在开放的环境中，领导者需要更多地依赖团队成员的意见和建议来做出决策。这种决策方式虽然更加民主和科学，但也增加了决策失误的风险。领导者只有勇于承担这种风险，才能真正发挥团队的智慧和力量。

2. 关系风险

领导者在开放自己的过程中，可能会收到来自团队成员的不同声音和反馈。这些反馈可能包含批评、质疑，甚至反对。面对这些反馈，领导者需要保持开放的心态和理性的态度，认真分析并妥善处理。虽然这可能会带来一定的紧张关系或冲突，但只有通过这种方式，才能真正促进团队的进步和成长。

3. 个人形象风险

领导者在开放自己的过程中，可能会暴露自己的一些不足，进而损害个人形象和威信。然而，领导者应该认识到，一个真实的、有缺点的领导者更容易赢得员工的尊重和信任。因为他们知道领导者也是普通人，有自己的局限性，也会面临挑战。这种认知会增强员工对领导者的认同感，从而进一步提升团队的向心力。

随着市场竞争的日益激烈和技术迭代的加速，某中型科技公司面临着前所未有的挑战。在传统的管理模式下，决策权高度集中，信息流通不畅，员工参与度低，创新能力受限。为了突破这一困境，该公司CEO决定进行一场深刻的组织变革，其中最重要的一环就是构建一种基于信任与开放的领导文化。

CEO从自身做起，主动向全体员工公开公司的财务状况、市场战略及面临的挑战。他定期举办"全员大会"，不仅分享好消息，也坦诚地讨论遇到的问题并给出可能的解决方案。这种前所未有的透明度让员工感受到公司高层是与他们站在一起，共同面对挑战的。

CEO也认识到，真正的创新往往来自一线。因此，他开始逐步下放决策权，鼓励各部门负责人及员工在各自领域内自主决策。同时，设立了"创意提案箱"和"快速决策通道"，确保任何有价值的想法都能得到及时的关注和评估。这种信任让员工感受到被重视，激发了他们的工作热情和创造力。

CEO同时深知，领导者也需要不断学习和成长。他主动邀请员工对他本人及公司的管理方式进行匿名反馈，并承诺会对每一条建议都认真考虑。在一次员工大会上，CEO甚至公开分享了自己根据反馈进行自我调整的经历，包括改变某些管理习惯、优化工作流程等。这种开放和谦逊的态度，进一步加深了员工对公司的信任和对领导的尊重。

在推动一项可能改变公司发展方向的重大项目时，CEO没有独断专行，而是与核心团队进行深入的讨论，并坦诚地告知他们项目可能带来的风险与不确定性。他强调，作为领导者，他愿意承担这个风险，但同时也需要团队的全力支持和配合。最终，在全体成员的共同努力下，项目取得了巨大成功，不仅提升了公司的市场地位，也极大增强了团队的凝聚力和向心力。

CEO的这一系列行动，成功地在该公司内部营造了一种基于信任与开放的领导文化氛围。员工们不再是被动的执行者，而是公司发展的积极参与者和贡献者。公司的创新能力显著提升，市场响应速度加快，客户满意度和忠诚度也随之提高。更重要的是，这种文化的形成，为公司的长期发展奠定了坚实的基础，使得公司在未来的竞争中更加具有韧性和活力。

综上所述，领导者应付出信任并开放自己。这一决策不仅是对团队成员的尊重和信任，更是对自己领导力的自信和担当。通过付出信任和开放自己，领导者能够激发团队成员的潜能，增强团队的凝聚力，促进组织的创新和发展。同时，在承担风险的过程中，领导者也能够不断成长和完善自己，为组织带来更加辉煌的未来。因此，作为领导者，应该勇敢地迈出这一步，用自己的信任和开放去引领和改变世界。

让每个人都有主人翁意识

一个组织的成功不仅取决于其战略规划和资源配置，更取决于团队中每一位成员是否能够以主人翁的姿态积极参与、贡献智慧与力量。

主人翁意识，即员工将组织的目标视为己任，主动承担责任，积极寻求改进的精神。这种精神是推动企业持续发展的重要动力。作为领导者，培养并激发团队成员的主人翁意识，是增强团队凝聚力、提升工作效率、激发创新思维、促进个人成长等的关键（见图6-1）。

| 领导力是训练出来的

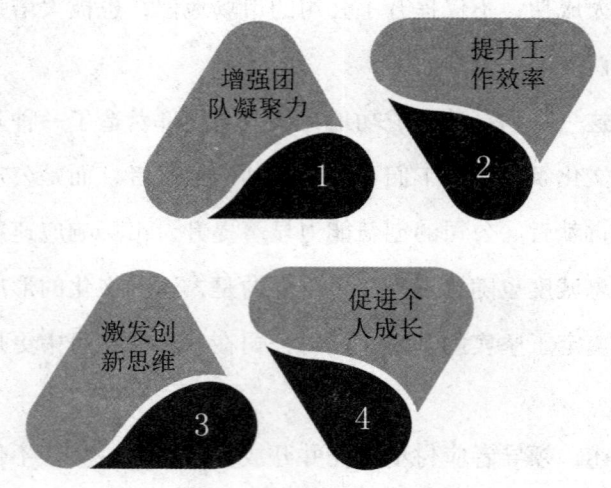

图6-1 主人翁意识的重要性

（图中文字：增强团队凝聚力1；提升工作效率2；激发创新思维3；促进个人成长4）

当每个成员都视自己为组织不可或缺的一部分时，他们就会更加珍惜团队荣誉，愿意为团队的成功付出努力。主人翁意识促使员工主动发现并解决问题，减少出现推诿扯皮现象，提升工作效率和质量。

当员工感受到自己的意见被重视，他们会更愿意提出新想法、新方案，为组织的发展注入源源不断的创新活力。在主人翁意识的驱动下，员工会更加主动地学习新知识、新技能，不断提升自我。

领导者培养员工主人翁意识的具体方法如下：

1. 建立共同目标

步骤一：清晰传达。领导者需清晰、具体地向团队成员传达组织的愿景、使命和长期目标，确保每位成员都能深刻理解并认同这些内容。

步骤二：个人关联。鼓励员工思考个人目标如何与组织目标相结合，制定个人发展计划，让员工感受到自己的每一步成长都与组织的未来紧密相连。

2. 赋予权力与责任

步骤一：合理授权。领导者要让员工在职责范围内拥有决策权，让他们感受到被信任和被尊重，培养他们的责任感和独立解决问题的能力。

步骤二：明确责任。在授权的同时，要明确员工的责任范围，确保他们清楚自己的角色定位和工作要求，避免权力滥用或责任推诿。

3. 开放式沟通机制

步骤一：鼓励反馈。建立多渠道、多层次的沟通机制，鼓励员工提出意见、建议并及时反馈，无论是对工作的改进还是对管理的建议。

步骤二：倾听回应。领导者应真诚倾听员工的声音，及时给予正面回应，即使不能立即采纳，也要解释原因，保持沟通的透明度和有效性。

4. 强化正面激励与认可

步骤一：奖励机制。建立公平、透明的奖励机制，对表现突出的员工给予物质或精神上的奖励，如奖金、晋升机会、表彰等，以此激励全体员工。

步骤二：个性化认可。除了正式的奖励外，领导者还应关注员工的个性化需求，通过日常的小表扬、写感谢信等方式，让员工感受到自己的努力和贡献被看见、被认可。

5. 促进团队合作与知识共享

步骤一：团队建设活动。定期组织团队建设活动，如户外拓展、主题研讨会等，增强团队成员之间的信任与合作。

步骤二：知识管理平台。建立知识管理平台或内部社区，鼓励员工分享工作经验、学习心得和专业知识，形成知识共享的良好氛围。

6. 倡导持续学习与成长

步骤一：提供学习资源。为员工提供丰富的学习资源和培训机会，如在线课程、研讨会、书籍推荐等，支持他们不断提升自我。

步骤二：鼓励试错与反思。鼓励员工勇于尝试新事物，即使失败也要从中学习，通过反思和总结不断提升自己的能力和水平。

培养团队成员的主人翁意识是一个系统工程，需要领导者从多个维度入手，持续努力。通过明确愿景、赋予权力、建立沟通、强化激励、促进合作、倡导学习，可以逐步构建起一种充满活力、积极向上的团队文化。

当团队的每位成员都能以主人翁的姿态投入工作时，组织的凝聚力和战斗力将得到显著提升，就会为企业的长远发展奠定坚实的基础。作为领导者，应当铭记：真正的领导力，不在于控制，而在于激发；不在于命令，而在于引导。

通过建立信任和增进关系来促进协作

团队协作是推动组织成功的关键因素之一，而高效协作的基石在于领导者有效地建立信任，并增进团队成员之间的关系。信任不仅能够激发团队成员的内在动力，还能促进信息的自由流通和创意的碰撞，从而加速问题的解决和创新的发展。

信任是人际交往中不可或缺的元素，是对他人的诚实、可靠性和能力的正面预期。在团队中，信任能够降低沟通成本，减少冲突，提升工作效率。当团队成员相互信任时，他们更愿意分享想法、承担责任并共同解决问题，从而形成一个正向循环，推动团队整体效能的提升。

当团队成员之间通过相互信任建立起紧密的关系时，他们会更加珍视彼此的合作，愿意为团队目标付出更多努力，即便在面对挑战和困难时也能保持团结一致。

甲骨文作为全球知名的科技公司，其成功在很大程度上得益于其独特的"以人为本"的企业文化。甲骨文深知信任与建立良好关系对于团队协作的重要性，因此采取了一系列措施来营造信任与尊重的工作环境。

首先是扁平化的管理结构。甲骨文通过扁平化管理，减少了层级之间的隔阂，使员工能够更直接与上级沟通，甚至参与决策过程。员工的参与感和归属感瞬间拉满，促进了信息的自由流通，提升了决策的透明度，为建立信任打下了坚实基础。

其次是开放式的办公环境。甲骨文的办公空间设计十分注重开放性和互动性，鼓励员工之间的非正式交流。咖啡吧、休息区等公共空间的设置，让员工在轻松的氛围中自由交流思想，增进彼此之间的了解和信任。

最后是透明的绩效评估。甲骨文的绩效评估体系强调客观、公正和透明。员工可以清晰地了解到自己的工作表现如何被评估，以及如何通过努力来改进工作。显著增强了员工对组织的信任，激发了他们的积极性和进取心。

甲骨文创始人拉里·埃里森有其独特的管理模式，尤其是在塑造团队信任和增进关系方面。埃里森总是强调企业必须确保信息的公开、及时和准确，避免因为信息不对称而产生误解和猜疑。同时，在决策过程中，领导者还要充分听取各方意见，并清晰地解释决策的理由和依据。对于敏感或重要的问题，领导者必须主动与团队沟通，共同寻找解决方案。

上述甲骨文公司的做法和埃里森的领导策略，非常值得当下的企业经营者们借鉴学习。强大的团队，其内部一定是信任和团结的，关系必然是紧密流畅的。因此，我们要求领导者必须培养这方面的领导能力，具体的方法可以参考以下训练方法：

训练方法一：主动吸纳与反馈。组织定期的"倾听会议"，鼓励每位成员分享自己的想法、感受和需求，领导者扮演好倾听者和接收者的角色，不打断、不评判，只是认真倾听并记录。会议结束后，领导者需给予积极、具体的反馈，让团队成员感受到被重视和尊重。

效果：增进团队成员之间的信任，增强沟通的效率和深度。

训练方法二：开展增进关系活动。组织户外拓展、团队困难挑战、志愿者服务等非工作性质的集体活动，打破团队成员之间的界限，增进彼此之间的了解和信任。

效果：加深团队成员之间的情感联系，形成更加紧密的团队关系。

训练方法三：角色互换体验。安排团队成员在一段时间内轮换岗位，让他们亲身体验不同岗位的挑战和压力。通过这种方式，成员们能更深入地了解彼此的工作内容和难处，从而增进相互间的理解和信任。

效果：增强团队成员之间的同理心和协作精神。

训练方法四：共享未来计划。与团队成员共同制定清晰、可达成的目标，并确保每个人都理解并认同这些目标背后的愿景和价值观。通过定期回顾和讨论目标进展，让团队成员感受到自己是实现团队愿景的重要一环。

效果：增强团队成员的归属感和责任感，提升团队协作的效率和效果。

甲骨文的企业文化为我们提供了宝贵的启示：通过扁平化管理、开放式办公环境、透明绩效评估三项措施，可以营造一个充满信任和尊重的工作环境。同时，作为领导者，也应借鉴一些具体的训练方法，如主动倾听与反馈意见、开展团队建设活动、实行角色互换与体验以及明确目标与共享愿景等，不断提升领导者的管理能力和团队的协作水平。

广泛互惠使关系稳固

成功的领导者深知，稳固而广泛的人际关系是推动组织发展、实现战略目标不可或缺的力量源泉。其中，"广泛互惠"作为一种高效且持久的关系维系策略，在增强团队凝聚力、促进资源流动与创新、塑造品牌正面形象、提升竞争力与抗风险能力四个方面发挥着不可替代的作用（见图6-2）。

图6-2 广泛互惠的深远意义

互惠原则，作为人类社会交往中的基本准则之一，源于人类天生的交换与回报心理。根据社会交换理论，人们在交往中会评估自己与他人的成本与收益，倾向于维持那些能带来正向收益的关系。互惠不仅包括物质层面的交换，还包括情感支持、信息分享、名誉提升等非物质资源的交换。这种原则促使人们在互动中倾向于给予与接受相当的价值，从而建立起信任与合作的基础。

互惠关系的建立始于真诚地倾听与理解。领导者应主动倾听团队成员及合作伙伴的需求与期望，展现出同理心与关怀，确保交流是双向且平等的。通过深入了解对方的意见，领导者能够更精准地提供对方所需的价值，从而启动互惠循环的初始阶段。

比如，某科技公司的CEO每周都会安排时间与团队成员进行一对一的深入交谈，不仅关注工作进展，更重视员工的个人成长与困惑。通过倾听，CEO了解了员工们对新技术学习的渴望，启动了公司内部的知识分享计划，鼓励资深员工与新手交流经验，形成了良好的学习氛围。这种倾听与理解，为互惠关系的建立打下了坚实的基础。

真正的互惠往往不是短期的交易，而是基于长期的信任与合作而形成的关系。领导者应勇于担当，主动为团队或合作伙伴提供资源、支持和机会，即便这些付出在短期内没有直接得到回报，这种前瞻性的投资，也会随着时间的推移逐渐累积信任与好感，为未来的合作奠定坚实的基础。

CEO深知，作为领导者，主动给予是建立互惠关系的关键。在一次行业峰会上，他注意到一家初创企业虽然拥有创新技术，但缺乏市场推广的资金。尽管这与公司当前业务无直接关联，CEO还是决定提供资金支持，并利用公司资源帮助该初创企业进行市场推广。几年后，这家初创企业成长为行业新星，并在一个关键技术领域与公司建立了深度合作，共同开发出了具有颠覆性的产品，为公司带来了巨大的商业成功。

领导者必须时刻秉持共赢的理念,将组织目标的实现与团队成员及合作伙伴的个人成长紧密相连。通过设计合作机制,确保各方在共同努力的过程中能获得应有的利益与成长。这种思维方式不仅能促进内部团结,还能吸引更多外部资源与合作机会,扩大互惠的范围。

CEO一直倡导共赢理念,并将其融入公司的企业文化中。他鼓励团队成员在项目合作中,不仅要关注自己的任务完成情况,还要考虑如何帮助合作伙伴取得成功。在完成一次跨国项目过程中,面对文化差异和时区差异带来的挑战,CEO带领团队主动调整工作方式,确保与海外合作伙伴的沟通顺畅无阻。最终,团队不仅提前达成了目标,还获得了客户的高度评价,为公司赢得了国际声誉。

互惠关系需要适当的方式加以维系,具体可以通过及时且公开的表彰与感谢。领导者应对团队成员及合作伙伴的贡献给予充分的肯定,增强对方的自尊与自信,为团队营造积极向上的氛围。同时,表彰也是一种无形的号召,能够激励更多人参与到互惠合作中来。

总之,社会环境和组织需求在不断变化,领导者应保持敏锐的洞察力,及时调整互惠策略以适应新情况。通过定期评估互惠策略的效果,收集反馈和意见,不断优化合作流程与机制,确保互惠关系始终保持活力与效率。

下篇 激活领导力优势

第七章
精进力：向过去学习，向未来学习

领导者的精进力，在于他们有不断学习的精神与开放的胸怀。他们不仅从过去的经验中汲取智慧，深刻反思，更积极地面向未来，勇于探索未知领域，把握时代脉搏。通过不断学习新知识、新技能，领导者能够不断开阔视野，提升自我，保持敏锐的洞察力与判断力。这种持续的学习与精进，使领导者能够在复杂多变的环境中保持领先地位，带领团队稳步前行，共创美好未来。

用三面镜子重审失败

某科技公司的 CEO 在主导一个旨在开发创新型人工智能产品的项目中遭遇了重大失败。项目原本被寄予厚望，认为能够引领行业潮流，但最终因技术瓶颈、市场定位不准以及团队协作不畅等问题未能按时交付，且已交付的产品功能与预期相去甚远，导致公司股价下跌，客户信任度受损。

领导者在面对失败时，其态度与反思的深度决定了个人成长的速度及团队未来的走向。失败，虽为不欲之果，却也是宝贵的学习机会，它如同一面多面镜，从不同角度映射出领导者在决策、执行、管理等方面的不足与潜力。本节将借助"自我反思镜""团队透视镜""未来规划镜"三面镜子，详细论述领导者应如何重审失败，从中汲取智慧，迈向成功。

1. 自我反思镜：深挖内在原因，勇于承担责任

领导者在遭遇失败时，首要之务是放下防御心理，诚实面对自己。这意味着要敢于承认错误，不推诿责任，不寻找外部借口。通过自我审视，领导者能够清晰地认识到自己在判断、决策、执行等方面的不足之处，这是成长的第一步。

诚实面对自我之后，领导者须进一步深入分析失败的原因。绝不只是简单地归因于运气不好或市场环境恶劣，而是要深入挖掘问题的根源，比如信息掌握不全、风险评估不足、决策过程草率或执行力度不够等。通过深入剖析，领导者能够更准确地把握问题的本质，为未来的改进打下基础。

面对失败，领导者应主动站出来，承担自己应负的责任，并向团队展示积极的态度和解决问题的决心。这种担当精神不仅能够赢得团队的尊重与信任，还能激发团队的凝聚力和向心力，共同面对挑战。

2. 团队透视镜：审视团队运作，促进共同成长

失败往往伴随着挫折感与失望情绪，领导者需要密切关注团队成员的情绪变化。通过与团队成员坦诚交流，了解他们的想法与感受，领导者可以及时调整团队氛围，引导团队走出低谷，重新振作起来。

失败可以检验团队能力与配合程度。领导者应借此机会全面评估团队成员在专业技能、协作能力、沟通效率等方面的情况。洞悉团队在失败中暴露出的短板与不足，领导者可以更有针对性地制订培训计划与组织团队建设活动，提升团队的整体实力。

为了保持开放的沟通氛围，领导者应鼓励团队成员在失败后勇于提出意见与建议，分享各自的看法与经验。通过建设性的讨论与交流，团队成员能够相互学习、相互启发，共同找到解决问题的途径与方法。同时，领导者还应积极倡导一种勇于尝试、不怕失败的文化氛围，让团队成员在面对挑战时更加自信与从容。

3. 未来规划镜：总结经验教训，明确前进方向

失败虽然痛苦，但它也是宝贵的经验积累，领导者应从中提炼出有价值的经验教训。无论是成功的经验还是失败的教训都值得珍惜，这些经验和教训将成为领导者未来决策与执行的重要参考依据。

在总结经验教训的基础上，领导者可以明确未来的目标与战略方向。重新评估市场环境、竞争对手、客户需求等因素的变化情况，根据团队的实际情况调整战略目标与计划。通过明确目标与战略方向，领导者可以引导团队成员更加专注地投入未来的工作。

在明确目标与战略之后，领导者需要制定具体的行动方案，采取正确措施来确保目标的实现，包括调整组织架构、完善管理制度、优化资源配置等方面的内容。同时，领导者还应关注行动方案的可执行性与可操作性，确保每一项措施都能够落到实处并产生实效。

面对未来的不确定性与挑战性，领导者应保持持续改进与创新的精神。这需要领导者不断学习新知识、新技能和新方法以提升自己的综合素质与领导能力；同时要鼓励团队成员勇于尝试新的思路与方法以推动团队的持续进步与发展。

总而言之，领导者应该用三面镜子——自我反思镜、团队透视镜和未来规划镜来重审失败。通过深入挖掘内在原因、勇于承担责任，提升自己的领导力与成熟度；通过关注团队成员的情绪与反应、评估团队能

力与配合度，促进团队成员的共同成长与发展；通过总结经验教训、明确目标与战略、制定行动方案与措施，以及持续改进与创新，为未来的成功奠定坚实的基础。只有这样，领导者才能在失败的磨砺中不断成长，并带领团队走向成功。

经验 + 反思 + 难题 = 方案

卓越的领导者，深知自我提升的重要性，他们通过不断积累经验、深刻反思以及积极面对并解决难题，来优化自己的领导策略，最终形成更为成熟、高效的解决方案。这一过程，可以概括为"经验 + 反思 + 难题 = 方案"的循环迭代模式，是推动组织持续发展的关键动力。

1. 经验：领导力成长的基石

经验，是领导者宝贵的财富，源于实践的磨砺与时间的沉淀。领导者在职业生涯的每一个阶段，都会面临不同的挑战与机遇，这些经历无疑为他们积累了丰富的管理经验。从初次担任领导职务时忐忑不安，到逐步掌握团队管理的精髓，再到能够游刃有余地应对复杂多变的局势，每一步都能积累经验。

领导力的提升首先源于实践。领导者通过亲身参与项目管理、决策制定、团队建设等具体工作，逐步了解组织的运作机制，掌握人际沟通、资源配置、风险控制等方面的技巧。这些实战经验为他们后续面对更复杂问题时提供了宝贵的参考依据。

优秀的领导者还具备跨界学习的能力。他们不局限于自身领域的知识和技能，而是广泛涉猎其他学科，如心理学、经济学、管理学等，以拓宽视野，丰富思维方式。这种跨界经验使他们能够从不同角度审视问题，提出更具创新性的解决方案。

2. 反思：领导力深化的催化剂

反思，是领导者在积累经验之后进行内省和自我审视的重要环节。通过反思，领导者能够客观地评估自己，找到成功与失败的原因，进而调整自己的领导风格和行为方式。

领导者需要定期对领导行为进行自我评估，包括决策过程、沟通效果、团队氛围等方面的评估。这种自我评估可以帮助领导者识别自身的优势和不足，为后续的改进提供方向。

除了自我评估外，领导者还应积极征求他人意见。下属、同事、上级以及外部专家等都可以从不同角度为领导者提供有价值的反馈。这些反馈能够帮助领导者更加全面地认识自己，发现那些自己难以察觉的问题。

在反思过程中，批判性思维至关重要。领导者需要学会对过去的经验进行客观分析，区分哪些经验是成功的关键因素，哪些则是偶然因素或外部环境的产物。通过这种批判性思考，领导者可以更加精准地提炼出对未来有用的经验。

3. 难题：领导力跃升的试金石

难题，是领导者成长过程中不可或缺的挑战。面对难题，领导者需要展现出高度的责任感和担当精神，通过不断尝试和探索来寻找解决方案。

领导者在面对难题时，首先要保持冷静和理智，勇于承担起解决问题的责任。他们不能逃避或推卸责任，而是要积极寻求解决问题的途径和方法。

难题往往需要创新性的解决方案，领导者要激发团队成员的创新潜能，鼓励大家从不同角度思考问题，提出新颖的观点和方案。同时，领导者自己也要具备创新思维能力，能够在关键时刻提出独到见解和创新性解决方案。

解决难题往往不是领导者一个人的力量所能完成的，领导者要善于调动团队资源，发挥集体智慧的力量。明确任务分工，协调各方资源，建立有效的沟通机制，确保团队成员能够齐心协力，共同应对难题。

4. 方案：领导力提升的成果展示

经验、反思和难题共同构成了领导者提升领导力的循环过程。在这个过程中，领导者通过不断积累经验、深刻反思和积极面对难题，最终形成更加成熟、高效的解决方案。这些方案不仅可以解决当前的难题，还可为组织未来的发展奠定坚实的基础。

通过循环迭代的过程，领导者不断优化自己的领导策略。他们便可学会如何更好地了解团队成员的心态和需求、如何制定科学合理的目标和计划、如何激发团队成员的积极性和创造力等。

领导者的提升不仅有利于个人的成长和发展，更可以对组织的整体发展起到积极的推动作用。他们通过提出和实施更加科学合理的解决方案，可以推动组织的改革和创新；通过培养和激励团队成员，可以提高组织的整体竞争力和创新能力；通过优化组织架构和流程，可以提高组织的运行效率和响应速度等。

综上所述，"经验+反思+难题=方案"这一循环迭代模式为领导者提供了不断提升自我的有效途径。领导者通过不断积累经验、深刻反思和积极面对难题，优化自己的领导策略和行为方式，同时也通过这些努力来促进组织的持续发展和壮大。

打造从失败中学习的组织

商业环境的复杂多变，让失败成为组织发展不可或缺的组成部分。然而，对于一个寻求长期发展与成功的组织而言，如何从失败中吸取教训并转化为成长的动力，成为衡量领导者智慧与能力的重要标尺。

凡是谋求发展的组织，都必然会经历创新，而创新往往伴随着不确定性和风险，失败则是这一过程中的常态。一位优秀的领导者不仅应勇于面对失败，更应善于打造一个能够积极拥抱失败并从失败中快速学习的组织文化。当组织在领导者的带领下，能够正视失败，将其视为探索未知、突破边界的必经之路时，员工将更加勇于创新。

卓越的领导者不仅不惧怕失败，还深知每一次失败都是宝贵的学习机会。通过深入分析失败的原因，组织可以识别出自身在管理、技术、市场等方面的不足，进而采取针对性措施加以改进。这种基于失败的学习过程，不仅能够提升组织的管理水平，还能增强组织的适应性和韧性。

团队的凝聚力是推动组织克服困难、实现目标的重要力量。领导者与下属共同面对失败的经历，能够加深团队成员之间的理解和信任。当组织能够坦诚地讨论失败、共同承担责任并寻找解决方案时，团队成员将更加紧密地团结在一起，形成强大的合力。

领导者应该如何培养可以让整个组织在创造力和活力的作用下不断向前发展的能力呢？我们给出如下一些训练方法，供大家参考。

首先是建立容错机制。领导者应明确传达对失败的容忍态度，并建立相应的容错机制。包括为创新项目设定合理的预算和时间限制、明确失败的定义和范围，以及在失败后提供必要的支持和帮助等。通过建立容错机制，组织可以为员工创造一个相对宽松的创新环境，鼓励他们勇于尝试，不怕失败。

其次是倡导开放沟通的文化。领导者应鼓励员工积极分享自己的想法、经验和教训。通过组织定期的复盘会议、经验分享会等活动，促进员工之间的交流和学习。同时，领导者还应亲自参与这些活动，以自己的言行示范对失败的包容。

再次是强化反思与总结。领导者应引导员工在每次失败后进行深入反思和总结，分析失败的原因，并总结、提炼出有价值的教训和经验。这些教训和经验不仅可以为未来作决策提供参考依据，还可以帮助组织不断完善其管理和运营体系。

最后是鼓励持续学习与创新。领导者应鼓励员工不断学习新知识、掌握新技能，提升自己的综合素质和竞争力，以保持敏锐的市场洞察力和强大的创新能力。同时，领导者还应为员工提供多样化的学习资源和机会，如在线课程、创新实验室、培训项目等。

某公司从创立伊始，其创始人便做好了经历失败的准备，并且将失败视为创新和成长的必经之路。该公司以制度保障和奖励政策鼓励员工勇于尝试新事物、敢于挑战未知领域。

该公司内部流传着这样一句话："最好的决定往往来自多种想法的碰撞和争论。"为了激发员工的创新精神和创造力，公司营造出了一种对失败高度容忍的工作氛围。公司高层经常公开讨论自己的失败经历并总结经验教训，以此鼓励员工正视失败、勇敢前行。

该公司建立了完善的复盘与反思机制，每当一个项目或产品失败后，团队都会组织一次深入的复盘会议，分析失败的原因和过程，从中总结、提炼出有价值的教训和经验。这些教训和经验会被记录在案，作为未来决策的参考依据，广泛应用于公司的其他领域和项目中。

该公司创始人鼓励员工不断提出新想法、新方案并付诸实践。即使这些方案最终失败了，员工也不会因此受到惩罚或指责。相反，他们会得到更多的支持和帮助，以便更好地总结经验和教训，并为下一次尝试做好准备。这种持续创新的文化氛围使得该公司的企业文化蕴含着强烈的创新基因。

总之，领导者要善于营造从失败中学习的组织文化氛围，通过建立容错机制、倡导开放沟通的文化、强化反思与总结以及鼓励持续学习与创新四项措施，组织可以形成强大的学习能力和适应能力，在复杂多变的商业环境中保持竞争力和创新力。正如本节的案例所展示的那样，一个能够积极拥抱失败并从中汲取力量的组织，必将拥有无限的可能和未来。

发现他人成功的要素

领导者必须深刻认识到团队成员的多样性是使其成功的宝贵财富。每个人都有其独特的才能、背景、经验和视角，这些差异构成了团队的多元化。成功的领导者懂得欣赏并利用这种多样性，他们不寻求团队成员意见完全一致，而是鼓励差异化思考和创新。通过观察和交流，领导者能够识别出每位成员独特的成功要素，如某人的创新思维、另一人的执行力或第三人的细致入微等，进而将这些优势转化为团队的共同力量。

领导力是训练出来的

为此，领导者需要营造一个开放、包容的沟通环境，让团队成员敢于表达自己的想法。定期一对一沟通、召开团队会议，以及搞非正式的聚会，都是促进沟通的有效方式。通过这些渠道，领导者可以深入了解每位成员的职业目标、兴趣爱好、工作习惯以及面临的困难，从而更准确地捕捉到他们成功的潜在要素。同时，鼓励团队成员之间的相互交流，也能促进信息的流通和资源的共享，进一步放大个体的优势。

有沟通、有执行，就必然要有反馈，有效的反馈是识别和增加成功要素的重要途径。领导者需要建立一套公平、透明、及时的反馈机制，不仅限于绩效评估，而应贯穿于日常工作的每一个环节。正面反馈可以强化成员的积极行为，增强自信心；建设性反馈则能帮助成员认识到自己的不足，明确改进方向。在给予反馈时，领导者应注重具体性、客观性和建设性，避免笼统或主观的评价。通过持续的反馈循环，领导者和成员可以共同识别出影响成功的关键因素，并制订相应的提升计划。

此外，在发现他人成功要素的基础上，领导者还须具备识别并培养关键能力的能力。这些关键能力可能因团队目标和任务的不同而有所差异，但通常包括沟通能力、团队协作能力、创新能力、解决问题的能力等。领导者可以通过设置挑战性的任务、提供培训和发展机会，以及鼓励实践和学习等方式，帮助团队成员提升这些关键能力。同时，也要关注成员的个性特点和职业规划，为其量身定制发展路径，使他们能够在适合自己的领域发挥最大潜能。

最后，卓越的领导者一定懂得如何激发团队成员的内在动力，使他们从内心深处渴望成长和成功。这就要求领导者不仅要关注外在的奖励和认可，更要关注成员的内在需求，如成就感、归属感、自我实现等。通过赋予成员更多的责任和自主权，让他们参与到团队决策和目标设定中来，可以极大地提升他们的归属感和责任感。同时，当成员取得成就时，及时给予肯定和表彰，让他们感受到自己的价值和贡献，可以进一步增强其自我实现的动力。

某公司在获得第一笔"天使投资"后，公司创始人发现团队成员虽然各有所长，但整体绩效并未达到运用这笔投资的最佳状态。部门间沟通不畅，创新动力不足，一些关键项目推进缓慢。经过深入观察和思考，创始人意识到问题的根源在于没有充分激发每位成员的潜能，也没有将他们的成功要素有效整合到团队目标中。此后，公司创始人展现出他善于发现并运用他人成功要素的能力，我们以他提拔的两个人为例，看看他是如何做的。

A是团队中的技术骨干，但性格内向，不善言辞。在一次技术研讨会上，A提出了一个关于算法优化的独特见解，却因为表达不清而未能引起足够重视。公司创始人注意到了这一点，私下找到A深入交流。通过耐心倾听和引导，公司创始人发现A对技术有着近乎痴迷的热情和深刻的理解。于是，创始人决定调整项目分工，让A负责核心技术的研发工作，并为他配备了专门的助手协助沟通和文档整理。很快，A的算法优化方案得到实施，项目进展明显加速，A的能力也得到了大家的认可。

B是市场部的新晋经理，初来乍到显得与公司有些格格不入。然而，公司创始人在一次市场调研报告中看到了B的独特视角和创新思维。B不仅善于捕捉市场趋势，还能提出切实可行的营销策略。公司创始人随即召开了一次跨部门会议，邀请B分享他的见解，并鼓励团队成员积极讨论和合作。在B的带领下，市场部与其他部门建立了更加紧密的合作关系，共同策划了一系列成功的市场推广活动，极大地提升了品牌知名度和市场份额。

领导力是训练出来的

在发现人才的过程中，公司创始人意识到，仅仅发现并利用个别成员的成功要素是不够的，还需要将这些要素整合到团队整体战略中。他组织了一系列团队建设活动和培训项目，加强了成员间的沟通和协作能力。同时，他建立了完善的激励机制，对表现突出的成员给予物质奖励和精神鼓励，营造了一个积极向上、互相尊重的工作环境。

在创始人的领导下，该公司员工的工作潜能得到了充分挖掘和发挥，团队凝聚力和创新能力显著提升。公司不仅成功推出一系列具有市场竞争力的产品，还在多个领域取得了突破性进展。更重要的是，大家都对公司创始人的领导力和公司的未来充满了信心和期待。他们相信在领导力强悍的创始人带领下，公司将继续保持高速增长态势，实现更加辉煌的成就。

这个案例充分展示了领导者善于发现他人成功要素的重要性。这一发现过程不仅展示了对团队成员的尊重和信任，更是实现团队共同目标的重要途径。通过认识多样性的价值、建立有效的沟通机制、运用反馈机制促进成长、识别并培养关键能力、激发内在动力五项措施，领导者可以最大限度地挖掘和利用团队成员的潜力，推动团队走向更加辉煌的未来。

用"U型理论"直接与源头连接

U型理论（Theory U），是麻省理工学院的奥托·夏默博士提出的，它为领导者提供了一种全新的视角和工具，帮助他们在不确定性和复杂性中找到方向，直接与源头连接，从而引领组织实现深层次的变革和创新。

U型理论是一种通过类似于"U"型的过程，帮助个体和组织从过去的惯性中解放出来，进入一个全新的意识状态，更好地感知和应对未来的理论。这一过程分为五个关键阶段：下载（Downloading）、看到（Seeing）、感知（Sensing）、当下（Presencing）和实现（Realizing）。每个阶段都代表着对现状的逐步深入和对未来的逐步感知，最终实现从源头出发的创新和变革（见图7-1）。

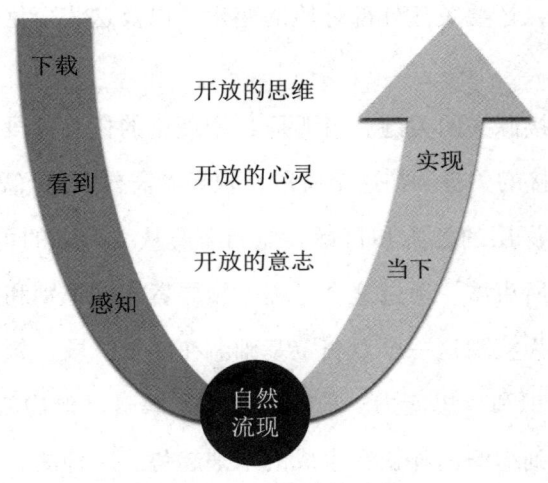

图7-1　U型理论的过程

传统的领导方式往往侧重于命令和控制，但在复杂多变的环境中，这种方式对企业领导者来说，已经显得力不从心。U型理论强调领导者应从更高的层次出发，通过内在的探索和反思，直接与源头连接，从而引领组织走向未来。这要求领导者不仅要有战略眼光，还要有深刻的自我认知和同理心，能够感知到组织内外正在生成的未来。

从下载到感知：逐步深入的过程。首先是下载阶段：在这个阶段，领导者往往依赖于利用已有的知识和经验来应对问题。然而，U型理论

领导力是训练出来的

强调要超越这种惯性思维,开始质疑并重新审视既有的假设和信念。领导者需要放下过去的成功包袱,以开放的心态面对新的挑战。

其次是看到阶段:领导者需要学会从新的角度观察和理解现状,认识到过去的模式和思维方式已经不再适用。通过深入观察并保持开放心态,领导者能够识别当前的挑战和机遇,为后续的变革奠定基础。

最后是感知阶段:领导者需要与环境和他人建立深度连接,通过共情和多方面反馈,获取更多更深入的见解。这要求领导者不仅要关注组织内部的运作,还要关注外部环境的变化,以及这些变化如何影响组织的未来发展。

当下:连接源头的关键。当下是 U 型理论的核心阶段,也是领导者直接与源头连接的关键。在这个阶段,领导者需要通过沉思和内在探索,连接到自身最深层的意志和目标。他们需要从"未来的可能性"出发,而不是被过去所束缚。通过这个过程,领导者能够识别和把握最真实的愿景和动力,为实现这一愿景奠定基础。在这个阶段,领导者需要具备高度的自我意识和反思能力。他们不仅要了解自己的内心需求和动力,还要能够感知到组织内外正在生成的未来趋势。这种能力使领导者能够在复杂多变的环境中保持清醒的头脑和敏锐的洞察力,从而作出更加明智的决策。

实现:将愿景转化为行动。领导者需要将他们的愿景和意图具体化为行动计划,并通过创新和实践来实现这一愿景。在这个过程中,领导者需要避免过度分析和反应性行动,通过实际操作和试验来推动变革。他们需要鼓励团队成员共同参与和创造,通过集体智慧和力量来实现组织的共同目标。

U 型理论为领导者提供了一种全新的视角和工具来推动组织变革。

通过引导组织成员进行深度反思和内在探索，领导者能够打破组织内部的惯性思维，激发新的创意和想法。这种变革不仅限于表面的流程和制度的改变，更深入到组织成员的思维方式和行为习惯的改变。

U型理论不仅能帮助领导者更好地理解和应对复杂环境，还能提升他们的领导力。通过内在的探索和反思，领导者能够更清晰地认识到自己的优势和不足，从而更加自信地面对挑战。同时，他们还能够更好地理解和支持团队成员的需求和发展，激发团队的凝聚力和创造力。

在具有大量不确定性以及复杂性日益加剧的商业环境中，U型理论为领导者提供了一种有效的应对策略。通过直接与源头连接，领导者能够感知到未来的趋势和变化，从而提前做好准备和调整。

总之，U型理论为领导者提供了一种全新的视角和工具来应对复杂多变的商业环境。通过逐步深入地观察、感知和反思，领导者能够直接与源头连接，从而引领组织实现深层次的变革和创新。这一理论既提升了领导者的个人能力，也促进了组织的整体发展和进步。在未来组织的发展中，U型理论将继续发挥重要作用，为领导者提供更加有力的支持和指导。

为改变而学习

商业环境的不确定性日益加剧，市场趋势瞬息万变，技术迭代速度加快。领导者若不能持续学习，将难以洞察这些变化背后的逻辑与规律，更无法制定出有效的应对策略。因此，学习成为领导者应对不确定性的重要手段。

领导力是训练出来的

领导者作为组织的掌舵人，必须具备创新思维和开阔前瞻视野。这要求领导者必须通过学习来拓宽知识边界，激发创意灵感，进而推动组织在产品、服务、流程等方面的创新。

领导者不仅是学习的主体，更是学习文化的塑造者。当领导者展现出积极的学习态度和强烈的学习意愿时，就会激励整个组织形成浓厚的学习氛围。这种学习文化将成为组织变革与发展的重要支撑。

亚马逊作为全球领先的电子商务公司，其成功在很大程度上归功于领导者为改变而学习的态度。通过一系列领导力发展项目，亚马逊的各级领导者都能持续不断地提升领导力和综合素质。

亚马逊的领导力发展项目被命名为"领导力加速计划"（Leadership Acceleration Program, LAP），是一个面向高层管理者的综合培训项目。该项目旨在通过实战模拟、跨部门合作、长期接纳与反馈等多种方式，帮助领导者掌握应对变革所需的关键技能和思维方式。LAP强调持续学习、自我反思和快速迭代，鼓励领导者在挑战中成长，在变革中引领。

LAP实践过程中的关键要素包括三大部分：

第一部分是实战模拟。LAP通过模拟真实的商业场景和决策过程，让领导者在模拟出的危机环境中锻炼应对复杂问题的能力。多年的实践反馈表明，LAP实战模拟能够高效地提升领导者的实战能力，增强了他们的决策信心和应对不确定性的勇气。

第二部分是跨部门合作。LAP鼓励领导者推倒"部门墙"，跨出舒适区，与不同部门的同事合作完成项目。通过不断融合的跨部门合作，亚马逊内部形成了流畅高效的信息交流和资源共享环境，身处其中的领导者与被领导者都能更好地理解组织的整体运作和各部门之间的关联，为制定与执行全局性的变革策略奠定了基础。

第三部分是长期接纳与反馈。LAP 强调通过持续学习保持接纳和多维度思考后给予反馈。在完成项目过程中，领导者不断从外界吸收养分，并转化为供应自身知识系统的能量，再经过合理、合适、合规的加工，进行反馈输出。这种持续学习和反馈的能力，能够帮助领导者及时发现并纠正自己的错误，不断提升自己的领导力水平。

以上是对亚马逊"领导力加速计划"的解读。虽然我们不能全部照搬别人的成功模式，但借鉴其中对自身具有能量的部分，并为己所用，也能达到"青出于蓝而胜于蓝"的效果。下面是我们对领导者为改变而学习提出的五项训练方法，供大家参考。

1. 建立学习型组织

领导者应致力于建立学习型组织，营造浓厚的学习氛围。具体措施包括：设立学习基金，鼓励员工参加外部培训或自学；建立知识分享平台，促进员工之间的知识交流与传播；设立学习奖励机制，表彰在学习方面表现突出的员工；等等。

2. 制订个人学习计划

领导者应根据自己的职业发展目标和个人兴趣，制订个人学习计划，不断提升自己的专业技能和领导力水平。学习计划应包括学习目标、学习内容、学习方式以及时间安排等要素。

3. 参与实战项目

领导者应积极参与实战项目，通过实践来检验和提升自己的领导力。在项目中，领导者需要面对各种复杂的问题和挑战，以促使自己不断学习新的知识和掌握新的技能，并在实践中不断优化自己的决策和执行能力。

4. 寻求外部资源

领导者应充分利用外部资源，如行业报告、专家讲座、研讨会等，来拓宽自己的视野和知识面。同时，领导者还可以寻求与同行或跨界合作伙伴的交流与合作，借鉴他人的经验和智慧来提升自己的领导力水平。

5. 培养复盘习惯

领导者应养成定期复盘的习惯，对自己的工作进行总结和评估。在复盘过程中，领导者需要认真思考自己在哪些方面做得好、哪些方面还有待改进以及如何改进等问题。

综上所述，为改变而学习，有助于领导者应对未来的不确定性，推动组织创新并塑造学习文化。亚马逊的领导力发展项目也为我们提供了宝贵的启示：通过建立学习型组织、制订个人学习计划、参与实战项目、寻求外部资源以及培养复盘习惯等具体训练方法，领导者可以不断提升自己的领导力水平，并在变革的浪潮中保持领先地位。

第八章
沟通力：以最低的成本解决问题

领导者的卓越沟通力，是高效解决问题的关键。他们擅长运用精准的语言、恰当的时机与方式，与团队成员及各方利益相关者建立良好的关系。通过深入倾听、清晰表达与积极反馈，领导者能够准确抓住问题本质，迅速找到症结所在，并以最低的成本制定出切实可行的解决方案。这种高效的沟通方式，不仅减少了误解与冲突，还极大地提升了团队的工作效率与凝聚力，为组织的持续发展奠定了坚实基础。

有效沟通是双向互动

领导者在组织的每一个层级都扮演着至关重要的角色。有效沟通是他们成功履行职责的基石。有效沟通不仅是信息的传递，更是双向互动的过程，它要求领导者不仅能够清晰表达自己的想法和意图，还能够倾听、理解和回应他人的观点和需求。本节将从理论层面深入探讨有效沟通作为双向互动的重要性，分析其在领导实践中的应用，并通过实际案例进行具体阐述。

有效沟通不仅是领导者向团队成员传达指令、目标或信息，更重要的是能够接收到团队成员的反馈、疑问或建议。这种双向的信息流动确保了信息的准确性和完整性，也为领导者提供了调整策略、优化决策的机会，更有助于在领导者和团队成员之间建立信任关系。当领导者愿意倾听并尊重团队成员的意见时，团队成员更有可能感受到自己的价值和被重视，从而增强对领导的信任和对组织的忠诚度。

在双向沟通的环境中，不同的观点和想法能够自由交流、碰撞，从而激发出创新思维，发现新的解决方案。领导者的积极参与和开放态度，也能够鼓励团队成员敢于表达自己的想法，加深团队成员之间的理解和协作，减少误解和冲突。通过共同讨论和协商，团队成员能够形成一致目标和行动方案，增强团队的凝聚力和战斗力。

鉴于以上分析，我们明白了双向互动在领导者实施领导行为中的重要作用。下面再来看看领导者在双向互动中的角色与策略：

1. 成为积极的倾听者

领导者应该具备出色的倾听能力，能够全神贯注地听取团队成员的意见和反馈。在倾听过程中，领导者应该保持开放和尊重的态度，不打断对方的发言，不轻易下结论或给出解决方案。

2. 清晰表达与解释

领导者在表达自己的观点和要求时应该清晰明了，避免使用模糊的语言。同时，对于重要的信息或决策，应该进行充分解释和说明，确保团队成员充分理解并达成共识。

3. 鼓励营造开放与包容的沟通氛围

领导者应该营造开放、包容的沟通氛围，鼓励团队成员敢于表达自己的观点和想法。即使面对不同的意见或批评，领导者也应该保持冷静和理智，通过对话和协商来解决问题。

4. 及时回应与调整

对于团队成员的反馈和建议，领导者应该及时给予回应。对于合理的建议，领导者应该积极采纳并落实；对于不合理的建议或误解，领导者也应该进行耐心地解释和澄清。

5. 培养沟通技巧与意识

沟通技巧包括非语言沟通（如肢体语言、面部表情等）和语言沟通（如表达清晰度、语速、语调、语气等）。同时，领导者还应该关注团队成员的沟通习惯和偏好，形成沟通意识以便更好地适应和引导团队沟通。

苹果公司作为全球知名的科技公司，其沟通文化为公司的成功和发展提供了有力支持。苹果公司的沟通文化强调双向互动、开放透明和以人为本，具体体现在以下几个方面：

首先是高层管理者的开放沟通。苹果公司的高层管理者非常重视与员工的沟通，他们经常通过内部会议、邮件、论坛等渠道，向员工传达公司战略、产品规划等信息，并鼓励员工提出自己的意见和建议，让员工感受到公司的重视和关怀。

其次是跨部门协作与信息共享。苹果公司注重跨部门之间的协作和信息共享，通过设立跨部门团队、定期召开跨部门会议等方式，促进不同部门之间的交流和合作。这种协作模式打破了部门壁垒，促进了资源的优化配置和问题的快速解决。

再次是鼓励员工参与创新。苹果公司鼓励员工积极参与公司的发展和创新过程，为员工提供了丰富的培训和发展机会，如设立了"创新实验室"，鼓励员工提出新的想法和解决方案。在这种氛围下，员工的创新思维和创造力得到了充分地发挥和展现。

最后是建立反馈与改进机制。苹果公司通过员工满意度调查、绩效评估等方式，收集员工的反馈和建议。公司设立了专门的团队来负责处理员工的投诉和问题，确保员工的权益得到充分保障。这种机制既让员工感受到公司对自己的关注和尊重，也促进了公司的持续发展。

综上所述，苹果公司通过构建双向互动的沟通文化，成功地激发了员工的积极性和创造力，提升了公司的竞争力和市场地位。这一案例充分说明了有效沟通作为双向互动过程在组织管理中的重要性和应用价值。作为领导者，应该深刻认识到有效沟通的重要性，积极营造双向互动的沟通氛围，以推动组织的持续发展和创新。

强调贡献有助于横向沟通

领导者具有强调员工贡献的领导风格，能够显著促进组织内部的横向沟通，构建更加开放、协作的工作环境。

员工贡献，即员工在工作中所展现出的能力和付出的努力，以及对团队目标直接或间接的支持。强调员工贡献的领导者，会积极认可并表彰员工的成就，不论这些成就多么微小。这种正面反馈机制能够极大地激发员工的成就感和工作热情，从而促使员工更加积极地投入工作。

横向沟通，也称为水平沟通，是指组织中同一层级或不同部门之间员工的信息交流与协作，对打破部门壁垒、促进知识共享、加速决策过程以及提升整体效率具有重要意义。有效的横向沟通能够确保组织内部的资源得到合理配置、信息流通顺畅、问题得到及时解决，从而推动组织目标的实现。

领导者与员工沟通本属于纵向沟通，是以上示下的，这种沟通不容易达到"以最低的成本解决问题"的目标。但领导者的身份又是无法变更的，无论怎样强调换位思考，领导者与员工的现实位置都是不可能互换的，这就要求领导者必须采取更加有效的措施达到沟通所期望的目的。强调员工贡献就是认可员工，增强员工与领导者的情感关系，领导者则以这种建立情感连接的方式弥补位置上的缺失。那么，领导者应该如何强调员工贡献，以促进横向沟通呢？

1. 建立公开透明的认可体系

领导者应建立一套公开、公正、透明的员工贡献认可体系，明确表彰标准和流程。既能让员工清晰地看到自己的成长路径和努力方向，还能通过榜样的力量，激励其他员工效仿，形成良性竞争与合作的氛围。当员工贡献得到广泛认可时，他们更愿意主动分享经验和知识，从而促进横向沟通。

2. 促进跨部门合作

通过实施跨部门的合作项目，领导者可以为员工创造更多横向交流的机会。在实施这些项目时，不同部门的员工需要共同面对挑战、制定解决方案，这一过程自然促进了信息的交换和思想的碰撞。同时，共同的目标和责任感也能增强员工之间的信任和协作，为后续的日常沟通打下良好基础。

3. 强化团队建设与培训

领导者通过团队建设活动，如团队建设游戏、户外拓展等，可以增强员工之间的情感，打破部门间的隔阂。而针对性的培训则可以帮助员工掌握有效的沟通技巧和冲突解决方法，使他们在日常工作中能够更加顺畅地进行横向沟通。

某科技创新公司是一家专注于高科技产品研发与服务的领先企业，

近年来面临市场竞争加剧、产品迭代速度加快的挑战。为了保持竞争优势，公司决定通过实施强化员工贡献的认可机制，并促进部门间的横向沟通，以激发团队的创新活力与协作能力。在此背景下，"星光计划"应运而生。

"星光计划"是一个旨在表彰员工杰出贡献、促进跨部门合作与知识共享的创新性项目。该计划不仅关注个人在岗位上的卓越表现，更重视其在团队协作与跨部门项目中的贡献，通过一系列激励机制，鼓励员工跳出传统部门界限，共同为公司目标努力。

"星光计划"的具体实施方案如下：

首先，促进贡献度量化与透明化。公司设计了一套全面的贡献度评估体系，不仅涵盖日常工作表现，还特别强调在跨部门项目中的协作能力、解决问题能力及创新成果。评估结果通过内部平台公开透明展示，让员工清晰地看到自身及同事的贡献。

其次，评选星光人物与团队并进行表彰。每季度评选出"星光人物"和"最佳协作团队"，这些荣誉不仅带来了丰厚的物质奖励，更重要的是在全公司范围内进行表彰，以此增强员工的荣誉感和归属感。同时，邀请获奖者分享经验，也促进知识传播与经验交流。

再次，组织跨部门项目挑战赛。定期组织跨部门项目挑战赛，鼓励不同部门员工组成临时项目组，围绕公司战略目标或市场新趋势提出创新解决方案。通过这一过程，加深部门间的相互理解，培养协同作战的能力。

最后，建立"星光交流圈"。利用企业微信、钉钉等企业社交平台，建立"星光交流圈"，为员工提供自由交流的空间。在这里，员工可以分享工作心得、技术难题、行业资讯等，有助于形成积极向上的学习氛围和紧密无间的合作关系。

实施"星光计划"半年后,该公司发生了显著变化。由于贡献得到认可与奖励,员工的工作热情高涨,创新思维活跃,工作效率与质量双提升。部门间的沟通壁垒被打破,团队成员开始习惯并乐于参与跨部门项目,资源共享与优势互补成为常态。而且在"星光计划"的影响下,多个跨部门项目成功落地,为公司带来了显著的经济效益和品牌影响力提升。公司也因此形成了鼓励创新、尊重贡献、重视团队协作的良好氛围,员工归属感与忠诚度显著增强。

综上所述,领导者强调员工贡献对于促进横向沟通具有深远的影响。具体企业案例也充分证明了这一点:当领导者真正关注员工贡献、注重团队建设和沟通协作时,组织内部的横向沟通将会变得更加顺畅和高效,从而为组织的持续发展和创新提供源源不断的动力。

清楚在关键时刻应该传递什么

在企业管理过程中,许多关键时刻的决策与沟通往往决定着组织的命运走向。领导者在这些关键时刻所传递的信息,不仅是方向的指引,更是团队士气与凝聚力的关键所在。

在决定未来走向的关键时刻,领导者首先要确保向全体员工清晰传达组织的目标与愿景。这既是对未来方向的明确规划,更是激发团队共同奋斗的动力源泉。清晰的目标能够帮助员工理解自己工作的意义和价值,从而更加投入地工作。

当斯蒂夫·乔布斯重新掌舵并带领苹果公司走出低谷时,他明确提出了"回归本源，打造极致用户体验"的目标与愿景。这一愿景深刻影响了苹果公司的每一个决策和产品设计，也激发了全体员工的创新与激情。iPhone 发布前夕，乔布斯在内部会议上强调：我们不是在制造一款手机，而是在创造一种全新的生活方式。这样的愿景极大地鼓舞了团队士气，最终成就了 iPhone 的辉煌。

在面临挑战或危机的关键时刻，领导者必须展现出坚定的信心与决心，向员工传递"我们能够克服困难，实现目标"的强烈信念。这种信念能够稳定军心，减少恐惧与迷茫，增强团队的抗风险能力。

华为在遭遇美国制裁的艰难时刻，任正非通过多次内部讲话和发表的文章，向全球员工传递了坚定的信心与决心。他强调：华为没有退路，必须打赢这场荣誉之战。同时，他也鼓励员工保持开放的学习心态，积极寻找新的增长点和技术突破。任正非的坚定信念与冷静应对，不仅稳定了华为的内部秩序，也激发了员工的斗志与创造力，为华为在全球市场拥有持续竞争力奠定了坚实基础。

在面临发展困局的关键时刻，领导者应强调团队成员之间的责任共担与共同成长。这意味着在困难面前，大家需要携手并进，共同承担责任，同时也应珍惜每一次挑战带来的成长机会。

在面临业务转型或重大决策的关键时刻，领导者应保持开放的沟通态度，坦诚地与员工分享信息并听取其意见。这有助于消除误解、增强信任，并激发员工的参与感与归属感。

亚马逊在面临业务转型时，创始人杰夫·贝索斯总是鼓励员工提出自己的见解和建议。他通过全员会议、内部论坛等多种渠道，与员工保持密切沟通。在一次关于是否开展新业务线的讨论中，贝索斯不仅进行了详细的市场分析与风险评估，还鼓励员工发表看法。最终，他根据员工的反馈与团队讨论的结果，作出更加全面和明智的决策。这种开放沟通与坦诚相待的氛围，让亚马逊的员工感受到了自己的价值被重视，也增强了团队的整体战斗力。

在快速变化的市场环境中，领导者应引导员工积极应对变化，保持创新思维与行动力。这要求领导者不仅要关注眼前的挑战，更要洞察未来的趋势与机遇。

特斯拉在电动汽车领域取得巨大成功的过程中，创始人埃隆·马斯克始终保持着对技术创新的极致追求和对市场变化的敏锐洞察。面对传统汽车行业的抵制和电动汽车技术的诸多难题，马斯克鼓励团队不断突破自我、挑战极限。他通过定期举办技术分享会、创新大赛等活动，激发员工的创新潜能。同时，他也密切关注行业动态与消费者需求的变化，及时调整战略方向。这种积极应对变化与持续创新的精神，让特斯拉在电动汽车领域始终保持着领先地位。

综上所述，领导者在关键时刻应向员工传递清晰的目标与愿景、坚定的信心与决心、共担责任与共同成长的理念、开放沟通与坦诚相待的态度，以及积极应对变化和保持持续创新的精神。这些核心内容的传递不仅能够稳定军心、激发斗志，还能够促进团队的紧密合作与共同成长。通过具体案例的阐述可以看出，成功的领导者在关键时刻总是能够准确把握局势、有效传递信息并引领团队走向胜利。

鼓励面对面地长期互动

在数字化时代，即时通信工具和虚拟会议平台让远程协作变得前所未有的便捷，但与此同时，面对面的长期互动作为人际沟通中不可或缺的一环，其重要性却常常被低估。对于领导者而言，鼓励并促进面对面的交流，既是建立深厚团队关系的关键，也是提升团队凝聚力和执行力的有效途径。

面对面的交流能够传递丰富的非语言信息，如肢体语言、面部表情等。这些信息在远程沟通中往往难以被完全捕捉。长期保持这种互动，有助于团队成员之间建立更深层次的理解和信任，为团队合作打下坚实的情感基础。

面对面的交流也能激发更多的思想碰撞和灵感火花。当团队成员聚集一堂，直接交流想法和观点时，他们能够及时获得反馈、调整思路，从而加速创新过程。此外，面对面的互动还能促进不同背景、不同领域知识之间的融合，为团队带来全新的视角和解决方案。

面对面的会议通常更加高效，因为参与者可以及时提出疑问、澄清问题、达成共识，减少误解和沟通成本。在重要决策过程中，面对面的讨论能够确保所有关键信息都被充分考虑和讨论，从而提高决策的质量和速度。

谷歌内部流行的"TGIF"（Thank God It's Friday）会议便是鼓励面对面、长期互动的典型实例。

TGIF 是谷歌每周五举行的全员大会，由公司高层亲自主持，面向全球所有员工开放。会上，高层领导会分享公司的最新动态、战略方向及个人见解，同时鼓励员工提问和进行反馈。这种开放、平等的交流方式，增强了员工对公司事务的参与感和对公司的认同感。

在 TGIF 会议中，与会的员工能够强烈感受到自己是公司大家庭的一员。这种归属感的增强更容易让员工投入头脑风暴中，积极提出新颖的想法和建议。而高层领导直接面对员工分享、接纳与交流信息，减少了信息传递的层级和失真，提高了信息的透明度和可信度。

领导者应成为面对面互动的倡导者和实践者，比如，主动走出办公室，与团队成员保持密切联系；在会议中认真倾听、鼓励发言；在决策过程中充分考虑各方意见，确保决策的公正性和透明性。

当然，除了通过自身的行为示范树立榜样外，领导者还可以通过哪些行为与员工面对面进行互动呢？以下给出四个方法，供大家参考。

1. 定期举办团队聚会

领导者可以安排定期的团队建设活动或聚会，如户外拓展、主题晚宴等，为团队成员提供面对面交流的机会。这些活动不仅有助于缓解工作压力，还能加深团队成员之间的了解和友谊。

2. 设立开放日或办公时间

领导者可以设立专门的开放日或办公时间，邀请员工前来交流想法、反馈意见、提出问题。这种制度化的安排能够确保员工有机会直接与领导层沟通，增强员工的参与感和被重视感。

3. 组织跨部门合作项目

通过组织跨部门合作项目，促进不同部门员工之间的面对面交流和协作。这种合作既能帮助员工解决工作中遇到的实际问题，也能增进部门间、不同部门员工之间的理解和信任，为公司的整体发展创造更多可能性。

4. 利用技术辅助面对面互动

在实现面对面互动沟通上，技术可以发挥辅助作用。例如，利用视频会议软件模拟面对面会议的场景，或者通过在线协作工具促进远程团队之间的实时互动。同时，领导者也可以利用数据分析工具来评估团队互动的效果，以便及时调整策略。

总而言之，在管理过程中，领导者必须认识到面对面长期互动对于团队建设和组织发展的重要性。通过采取一系列有效的实践方法，领导者可以鼓励并促进这种形式的交流，从而构建更加紧密、高效和富有创造力的团队。正如谷歌的 TGIF 会议所展示的那样，当领导者真正重视并实现面对面的长期互动时，他们将更有机会带领团队实现企业愿景。

强烈的情感体验可以引发共鸣

某公司是一家在行业内享有盛誉的科技创新企业，但近年来受市场竞争加剧和新产品推广不力的影响，公司业绩开始下滑，员工士气低落，部门间协作不畅，整个公司陷入一种沉闷和压抑的氛围中。公司 CEO 深知，如果不及时改变现状，公司将面临更大的危机。但仅仅依靠技术和战略调整是不足以扭转局面的，团队内部的凝聚力和士气同样至关重要。

在此情况下，公司 CEO 召开了一次有公司全体中层管理人员参加的特别会议。会上他并没有直接讲述公司的困境或提出解决方案，而是从自己的职业生涯经历讲起，分享了自己在创业初期遇到的种种挑战和失败。他坦诚地表达了自己在低谷期的无助、迷茫和坚持，以及这些经历如何塑造了他今天的领导力和坚韧不拔的性格。CEO 的分享充满了真情实感，让在座的每一位中层管理人员都深受触动。

会后，CEO 要求各中层管理人员将这次分享的精神传达给每一位员工。通过部门会议、小组讨论等形式，员工们了解了领导层的真实想法和感受，以及公司当前的困境和未来的希望。在这个过程中，很多员工开始反思自己的工作态度和贡献，纷纷表示愿意与公司共渡难关。

为了将情感共鸣转化为实际行动，CEO组织了一系列团队建设活动和公益活动。在户外拓展训练中，员工们通过团队合作攻克了一个又一个难关，增进了彼此之间的了解和信任；在公益活动中，大家携手为社会奉献爱心，大家都感受到了集体的力量和温暖。

经过一段时间的努力，该公司的氛围发生了显著变化。员工们的士气高涨，部门间的协作更加顺畅，整个公司焕发出新的生机与活力。在大家的共同努力下，公司成功推出了几款新产品并获得了市场的认可，业绩也逐渐回升。更重要的是，这次危机不仅没有击垮这家公司，反而让团队成员间更加团结。

或许你会问，这位CEO是施展了什么魔法吗？怎么开几次会、经过几次团建，员工士气就提升上来了？也一定有很多企业创始人不解，开会和团建谁都会啊，也正在做啊，为什么我的公司就无法取得这样的效果呢？这是因为，你们的会议和团建与这位CEO所做的，形式上是一样的，但本质上是不同的。常规的开会，就只是开会，讨论问题、制定决策、传达精神、布置任务……常规的团建，也只是团建，玩一玩、乐一乐，员工要表达对领导者的感谢和对企业的忠诚……仅此而已。但这位CEO确实通过情感共鸣的沟通策略激发了团队成员的共鸣和动力，将大家的心凝聚到一起，所有人共同努力，使公司在逆境中实现了重生。

这个案例充分证明了领导者在沟通中融入强烈情感体验的重要性。当领导者能够真诚地分享自己的情感和经历时，不仅能够赢得员工的信任和尊重，还能够激发员工的共鸣和潜能，从而推动整个团队向前发展。

沟通是信息传递的桥梁，是情感连接的纽带。有效的沟通能够激发团队的潜能，促进理解与协作，而在这之中，强烈的情感体验发挥着至关重要的作用。领导者需深刻理解，沟通中融入强烈的情感体验，能够触及人心，引发共鸣，有助于在团队内部建立起更为强大的信任与凝聚力。以下将从几个方面详细论述这一观点：

1. 情感共鸣的基础——共同体验的识别

人们在生活中会产生各种情绪与情感的波动，当这些经历在沟通中被提及或展现时，若能被他人理解和感受，便会形成一种深刻的连接。领导者若能敏锐地捕捉到团队成员的情感体验，并通过恰当的方式表达出自己对这种体验的共鸣，就能迅速拉近与团队成员的距离。这种共鸣是心灵深处的触碰，能够打破隔阂，促进团队成员之间进行更深层次的交流以加深理解。

2. 强烈情感体验的力量——激发内在动力

强烈的情感体验具有巨大的力量，能够唤醒人们内心深处的激情与动力。在沟通过程中，领导者通过分享个人经历、表达真实感受，可以引发团队成员的情感共鸣，进而激发他们对工作的热情与投入。例如，当领导者讲述企业初创时的艰辛与挑战，以及这些经历如何塑造了团队的坚韧与不屈精神时，能够使员工感受到企业的使命与价值，从而更加积极地投身于工作。

3. 建立信任与尊重——情感沟通的桥梁

领导者在沟通中展现出对团队成员情感的关注与理解，能够让对方感受到被尊重和重视。这种尊重不仅体现在言语上，更体现在行动中，如倾听员工的意见、关注员工的成长与需求等。当员工感受到领导的真诚与关怀时，他们更愿意敞开心扉，分享自己的想法与感受，从而形成更加紧密和信任的关系。

4. 促进创新与合作——情感共鸣的催化剂

创新往往需要突破常规、挑战权威，也往往伴随着风险与不确定性。而情感共鸣能够激发团队成员的勇气和信心，让他们敢于尝试新事物、提出新想法。当领导者对团队成员的创新尝试给予肯定与鼓励时，这种情感上的支持会转化为强大的动力，推动团队不断向前。同时，情感共鸣还能够促进团队成员之间的合作与协调。在共同面对挑战时，强烈的情感共鸣能够增强团队成员之间的默契与配合，使他们更加紧密地团结在一起，共同克服困难。

领导者应该明白的是，提升领导力不仅在于提升自己的专业技能与管理能力，更在于提升自己的情感智慧。情感智慧是指领导者在沟通中运用情感能力来理解和影响他人的能力，包括自我认知、情绪管理、自我激励以及人际关系的处理能力等多个方面。

在沟通中融入强烈的情感体验，正是情感智慧的一种体现。领导者需要学会观察与理解他人的情绪变化，掌握适当的情感表达技巧，以情动人、以情感人。通过不断修炼和提升自己的情感智慧，领导者能够更好地发挥情感共鸣的力量，提升领导效能与团队绩效。

将问题引向关注点

领导者在沟通过程中，如何将问题巧妙地引向关注点，既体现了他们的领导艺术，也是推动组织向前发展的重要动力。这一过程涉及多个层面，包括明确沟通目标与关注点的关系、选择合适的沟通方式与场合、积极引导讨论方向，以及建立正面反馈机制等。

1. 明确沟通目标与关注点的关系

领导者需要清晰界定沟通的目标以及期望达成的结果。在任何沟通之前，明确问题的本质和核心是至关重要的。问题往往复杂多变，但其中必然存在一个或多个关键点，即"关注点"。这些关注点可能是解决问题的关键所在，也可能是项目推进的瓶颈。领导者应具备敏锐的洞察力，能够从纷繁复杂的信息中抽丝剥茧，识别出真正的关注点。

明确沟通目标与关注点的关系，意味着领导者在启动沟通时，就已经在心中绘制了一幅蓝图，知道自己通过沟通想达到什么目的，以及如何将讨论聚焦于关键点上。这样做可以避免沟通中的无效讨论和偏离主题，确保每一次沟通都能有的放矢，高效推进。

2. 选择合适的沟通方式与场合

不同的沟通方式和场合适用于不同的情境和需求。领导者应根据沟通内容的重要性、紧急程度以及参与者的特点，灵活选择面对面的会议、视频会议、电话沟通、电子邮件或即时通信工具等沟通方式。

（1）面对面沟通：适用于需要深入交流、即时反馈和建立信任关系的场合。领导者可以通过肢体语言、面部表情等非语言信号来强化信息的传递，更直接地引导相互交流者之间的讨论方向。

（2）视频会议：在远程工作环境下尤为重要，能够模拟面对面沟通的效果，便于实时互动和讨论。

（3）电子邮件或书面报告：适用于传递正式信息、总结会议要点或布置长期任务。虽然不如即时沟通灵活，但可以为后续讨论提供明确的框架和参考。

3. 积极引导讨论方向

在沟通过程中，领导者应扮演"引导者"的角色，通过开放式提问、总结与提炼、直接引导等方式，将讨论逐渐引向关注点。以下是一些具体的策略：

（1）开放式提问：通过提出开放式问题，鼓励参与者深入思考并分享见解。例如，"对于这个问题，大家认为最关键的因素是什么？"这样的问题不仅能够激发讨论，同时也有助于揭示关注点。

（2）总结与提炼：在讨论过程中，领导者应适时总结各方观点，提炼出共同点和差异点。以此帮助参与者厘清思路，为后续的讨论设定基调，引导大家关注核心议题。

（3）直接引导：当讨论出现偏离方向情况时，领导者应果断而礼貌地指出，并直接引导讨论回到正题。例如："我们刚才讨论了很多有价值的观点，但为了确保时间有效利用，我想我们还是先回到这个问题的核心上来。"

4.建立正面反馈机制

为了保持沟通的积极性和有效性，领导者应建立并维护一个正面的反馈机制。主要包括以下几个方面：

（1）肯定与认可：对参与者的积极贡献和有价值的观点给予及时的肯定和认可，以增强其参与感和归属感。

（2）建设性反馈：对于不足之处或需要改进的地方，提供具体化、有建设性的反馈。避免使用负面或指责性的语言，采用"建议式"的表达方式，以促进持续改进。

（3）鼓励创新：营造一个开放包容的沟通氛围，鼓励参与者提出新颖的想法和解决方案。即使某些想法最终未被采纳，也应肯定提出者勇于尝试的精神。

沟通是信息的交换，沟通后更重要的是确保行动的落实。领导者应确保沟通后有明确的行动计划,并持续跟进执行情况(见图8-1)。

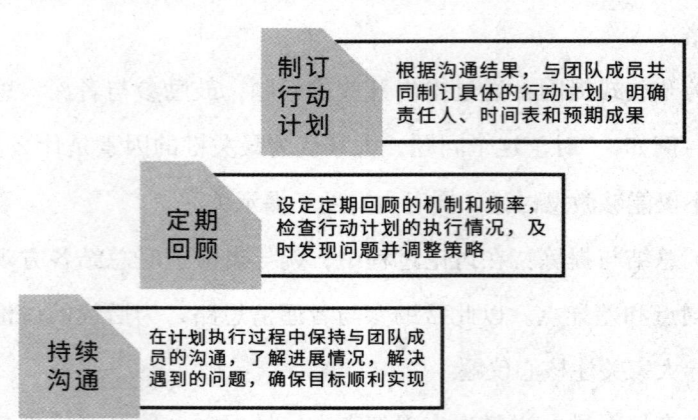

制订行动计划:根据沟通结果,与团队成员共同制订具体的行动计划,明确责任人、时间表和预期成果

定期回顾:设定定期回顾的机制和频率,检查行动计划的执行情况,及时发现问题并调整策略

持续沟通:在计划执行过程中保持与团队成员的沟通,了解进展情况,解决遇到的问题,确保目标顺利实现

图8-1 强化沟通后的行动与跟进

将问题引向关注点是领导者在沟通过程中需要具备的一项重要能力,要求领导者具备敏锐的洞察力、灵活的沟通技巧和高效的行动能力。通过明确的沟通目标与关注点的关系、选择合适的沟通方式与场合、积极引导讨论方向、建立正面反馈机制,以及强化沟通后的行动与跟进,领导者可以更加高效地推动问题的解决和组织的发展。在这个过程中,不仅提升了团队的凝聚力和战斗力,也促进了领导者个人能力的提升。

第九章
培育力：先发现人才，再发展人才

领导者的卓越之处，不仅在于个人的才能与成就，更在于其慧眼识珠，善于发现并培育人才。他们深知人才是组织发展的根本动力，因此总是保持敏锐的洞察力，积极寻找那些具有潜力与才华的个体。一旦发现人才，领导者便会倾注心血，为其提供成长的机会与平台，通过有针对性地培养与指导，帮助他们在实践中不断成长、蜕变。这样的领导风格，不仅为组织注入源源不断的活力与创新力，更为整个社会的进步与发展贡献宝贵的力量。

提供选择权与自主权

在快速发展的现代社会，领导力已不仅是简单地指挥与控制，更核心的是能够激发团队的潜能，促进其创新与成长。领导者若能有效提升自身的培育力，赋予下属更多的选择权与自主权，不仅能够增强团队的凝聚力和创造力，还能在复杂多变的环境中保持组织的竞争力和适应性。

传统领导力理论往往强调领导者对资源的控制和对下属的直接管理。然而，随着知识经济时代的到来，这一模式已难以满足组织发展的需求。

领导力是训练出来的

现代领导力更注重"赋能",即通过培养下属的能力,激发他们的内在动力,让每个人都能在适合自己的岗位上发挥最大价值。

培育力是领导者应具备的重要能力之一,领导者不仅要关注任务的完成,更要关注人的发展。可以通过提供学习资源、反馈机制、成长机会等,帮助下属识别并发展其潜能,使其在工作中不断成长,实现个人与组织的双赢。

赋予下属选择权和自主权,意味着相信他们能够作出合理的决策,承担相应的责任。这种信任能够极大地激发下属的积极性和能动性,使他们更加主动地寻找问题解决方案,同时也增强了他们对工作的责任感和获得感。

谷歌推行的"项目导向型组织"(Project-Based Organizations, PBOs)模式,正是提升领导者培育力、赋予下属选择权与自主权的典范(见图9-1)。

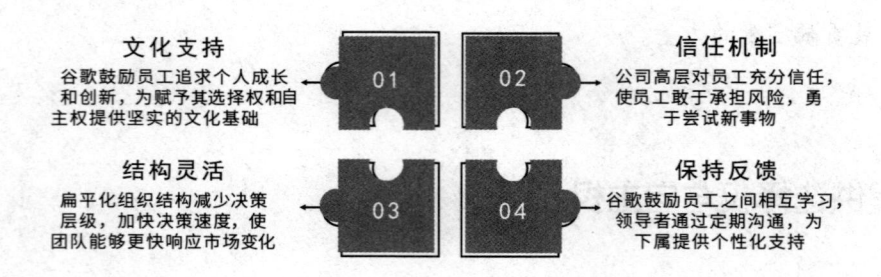

文化支持 01
谷歌鼓励员工追求个人成长和创新,为赋予其选择权和自主权提供坚实的文化基础

信任机制 02
公司高层对员工充分信任,使员工敢于承担风险,勇于尝试新事物

结构灵活 03
扁平化组织结构减少决策层级,加快决策速度,使团队能够更快响应市场变化

保持反馈 04
谷歌鼓励员工之间相互学习,领导者通过定期沟通,为下属提供个性化支持

图9-1 谷歌"项目导向型组织"模式的成功要素

在谷歌,员工被鼓励组成跨职能的小团队,围绕特定项目或产品展开工作。这些团队拥有高度的自主权,可以决定自己的工作方式、技术选择,甚至项目方向(在符合公司战略的前提下)。领导者则转变为教练和导师的角色,为团队提供必要的支持和资源,而不是直接干预决策过程。

这种模式最大限度地激发了谷歌员工的创造力和工作热情，推动了众多创新产品的成功研发（如谷歌搜索、安卓系统等），同时也促进了员工的个人成长，使许多年轻人才迅速成长为行业内的佼佼者。

通过谷歌的"项目导向型组织"模式，可以清楚地看到，领导者提升并发挥培育力，对于组织的发展有着多么重要的作用。我们将领导者赋予员工选择权与自主权的实践路径总结如下：

1. 建立信任文化

（1）透明沟通：确保信息在团队内部自由流通，减少信息不对称带来的误解和猜疑。

（2）正面激励：对员工的努力和成果给予及时的认可和奖励，增强他们的自信心和归属感。

（3）容错机制：建立合理的容错机制，鼓励员工勇于尝试，即使失败也能从中学习成长。

2. 赋予自主权与责任

（1）明确目标与期望：为团队和个人设定清晰、可衡量的目标，同时明确团队的期望成果和评价标准。

（2）授予决策权：在关键决策上给予团队足够的自主权，让他们根据自己的专业知识和判断做出决策。

（3）合理分配资源：确保团队有足够的资源（包括人力、物力、财力）来支持其自主决策和行动。

3. 培养个人能力

（1）提供学习机会：支持员工参加培训、研讨会、在线课程等，不断提升他们的专业技能和综合素质。

（2）设立导师制度：为新员工或需要帮助的员工安排经验丰富的导

师或"师傅",进行一对一的指导和帮助。

（3）鼓励创新实践：设立创新基金或"创新时间",鼓励员工提出并实施创新项目,培养他们的创新思维和实践能力。

4. 建立评估机制

（1）定期评估：通过定期的绩效评估、360度反馈等方式,了解员工的工作表现和个人发展需求。

（2）开放反馈：鼓励员工之间以及上下级之间开放、坦诚地交流反馈意见,促进他们相互学习和成长。

（3）持续调控：根据反馈结果,及时调整培养计划和工作安排,确保个人和组织目标的持续实现。

领导者提升培育力,向下属提供选择权与自主权,是激发团队创造力、促进员工成长、增强组织竞争力的有效途径。这一理念要求领导者转变传统的管理思维,从控制者转变为赋能者,不断推动团队的成长与发展。在这个过程中,领导者需要保持开放的心态和持续学习的精神,不断提升自己的领导力和培育力,以更好地适应快速变化的市场环境和组织发展需求。

在他人的建议中寻找闪光点

卓越的领导力体现在决策的果敢与战略的远见上？正确！

卓越的领导力在于敏锐地捕捉并融合团队中每一位成员的智慧火花？正确！

领导者作为团队的领航者，他们开放的心态、倾听的能力，以及从多元信息中提取关键信息的能力，是推动组织持续创新、不断进步的关键。

当领导者展现出对团队成员意见的尊重与重视态度时，能够极大地激发团队成员的工作热情。每个人都渴望被听见、被认可，这种正向反馈机制有助于建立更加紧密和谐的团队关系。

"兼听则明，偏信则暗"，领导者若能广泛听取各方意见，尤其是那些与自己观点相左或未曾考虑到的建议，能够有效避免决策中的盲点，使决策更加全面、科学，减少失误风险。

亚马逊创始人杰夫·贝索斯非常重视员工的反馈与建议。在著名的"门洛帕克备忘录"中，贝索斯强调了"客户至上"的原则，并鼓励员工从客户的角度出发，提出改进意见。他亲自阅读并回复大量员工的来信，从中汲取灵感，不断优化产品和服务。这种开放的文化氛围，使亚马逊得到了大量有价值的创意和建议，并且培养了员工的主人翁意识和创新能力。

某公司吸收了贝索斯企业管理的精髓，从创立之初就长期实行"创意时间"和"20%时间"制度，即允许员工每周抽出一定比例的时间，用于自己感兴趣的项目或研究，而不必直接服务于当前的工作任务。这一制度极大地激发了员工的创造力和主动性，该公司的很多明星产品就是源自"非正式"项目带来的灵感。

领导者在下属的建议中寻找闪光点，是一件说难也难、说简单也简单的事。它要求领导者具备批判性思维能力，且有深厚的行业知识、敏锐的洞察力和良好的判断力。只有具备在复杂信息中提炼关键要素的能力，才能在众多建议中筛选出真正有价值的"闪光点"。

领导力是训练出来的

领导者需要从自身做起，树立开放、包容的领导风格，明确表达对所有成员意见的尊重与重视。通过制定明确的沟通机制，如定期召开团队会议、设立意见箱或在线反馈平台等，鼓励团队成员积极发表看法。

在听取团队成员的建议时，领导者应全神贯注，避免打断别人的话而急于表达自己的观点。采用"同理心倾听"技巧，努力理解对方的立场和感受，确保信息的完整接收。同时，保持开放的心态，暂时搁置个人偏见，以客观公正的态度评估每一条建议。

对于有价值的建议，领导者可以通过提问和澄清的方式，进一步挖掘其背后的逻辑、假设和潜在影响。这不仅能帮助领导者更全面地理解建议的本质，还能激发团队成员的深入思考，促进更多创意的涌现。

对被采纳的建议及其执行结果进行跟踪评估，领导者还要向团队成员及时反馈。对于未被采纳的建议，领导者也应给予合理解释，保持沟通的透明度。正向的反馈能够激励团队成员持续贡献智慧，形成良性循环。

在识别出有价值的建议后，领导者需要迅速制订具体的行动计划，包括明确目标、分配资源、设定时间表和关键里程碑等。通过详细规划，确保这些创新想法能够被有效执行，并在实际操作中持续跟踪和优化。

将筛选出的闪光点付诸实践，并在团队内部进行分享和推广。通过成功案例的展示，增强团队成员的信心和动力，同时激发更多人的参与和贡献。正向激励能够形成强大的组织合力，推动组织不断向前发展。

需要注意的是，许多创新建议可能需要多个部门的协同努力才能实现。领导者应推动跨部门沟通与合作，打破部门壁垒，促进信息共享和资源整合。通过组建跨部门项目工作组，集中力量攻克难题，将闪光点不打折扣地全部转化为可实施的项目。

综上所述，领导者需要具备敏锐的洞察力和开放的心态，才能在众多建议中捕捉到那些能够引领组织前进的闪光点。正如杰夫·贝索斯和谷歌所展示的那样，当领导者真正重视并有效运用团队智慧时，整个组织将焕发出前所未有的活力与潜力。因此，每一位领导者都应将这一能力视为自己职业生涯中不可或缺的一部分，不断修炼与提升。

因事用人，让组织匹配人才

领导者是团队的引路人，承担着优化配置资源、激发团队潜能的重任。其中，"因事用人"是一项核心技能，直接关系到组织目标的实现、团队的和谐运作以及长远的发展潜力。

在视变化为常态的市场环境中，组织需要不断调整战略方向和业务模式。因事用人能确保组织在变革过程中及时补充和调整人力资源配置，保持组织的灵活性和竞争力。而且，每一项工作都有其特定的要求和难度，不同的任务需要不同类型、不同专长的人才来执行。领导者若能根据工作性质和需求精准匹配合适的人才，将大幅提升任务执行的效率和质量，减少资源浪费。

更为重要的是，因事用人不仅是对员工岗位需求的满足，也是对个人潜能的挖掘。将员工安置在最适合他们的岗位上，有助于其专业技能的提升和职业生涯的发展，从而增强员工的工作动力和成就感，进而提升员工对组织的认可度。

一个团队的成功必然需要成员之间互补的技能和和谐的合作关系。因事用人可以形成合理的团队结构，使团队成员各展所长，协同作战，共同应对挑战。领导者因事用人的具体实践策略如下：

领导力是训练出来的

1. 明确岗位需求

领导者需要对每个岗位有清晰的认识，包括其职责范围、能力要求、关键绩效指标等，以便为后续的人才选拔提供依据。

2. 人才盘点与评估

领导者需要对组织内部的人才进行全面盘点，评估其专业技能、性格特点、工作态度等多维度信息，形成人才数据库，便于精准匹配。

3. 制订招聘与培训计划

领导者需要根据岗位需求和市场变化，制订有针对性的招聘计划；同时设计有效的培训方案，提升现有员工的能力和素质，为未来岗位调整做好准备。

4. 建立灵活的晋升机制

领导者需要构建公开、透明、灵活的晋升机制，让员工看到个人晋升和成长的希望，激发他们的工作热情和动力。

5. 持续监测与调整

因事用人不是一成不变的，领导者需要定期评估岗位与人才的匹配度，根据组织发展需要和个人发展变化及时调整人力资源配置。

英特尔（Intel）作为全球顶尖的科技公司，其成功在很大程度上得益于"以人为本，因事用人"的人才管理理念。

英特尔致力于营造一个开放、包容的工作环境，鼓励员工保持个性和多样性。在招聘员工时，英特尔不仅看重候选人的专业技能，更关注其创新能力、学习能力以及团队协作精神。这种多元化的人才组合为英特尔带来了源源不断的创新灵感和竞争优势。

英特尔扁平化的组织结构，减少了管理层级，增强了信息传递的效率。扁平化管理使得每位员工都能更加直接地参与到决策过程中，发挥自己的专长和创造力。同时，这种管理模式也为员工提供了更多的发展机会和空间，激发了他们的工作积极性和责任感。

英特尔鼓励员工尝试不同的工作岗位和角色，通过内部转岗制度促进人才流动和知识共享。此外，英特尔还大力推动跨部门合作，打破传统的部门壁垒，让员工在更广阔的平台上展示自己的才华。这种机制提高了员工的综合素质和适应能力，为组织的发展注入了新的活力。

英特尔根据员工的职业规划和个人发展需求，为他们量身定制个性化的培训和发展计划。通过线上课程、工作平台、导师制度等多种形式，帮助员工不断提升专业技能和综合素质。同时，英特尔还鼓励员工自主学习和探索未知领域，为其提供丰富的学习资源和支持。

英特尔建立了一套科学、公正的绩效评价体系，通过将量化指标和综合评价相结合的方式对员工的工作表现进行评估。基于评估结果，英特尔实施差异化的激励措施，包括奖金、期权、晋升机会等，以表彰优秀员工的贡献并激励其继续努力。

综上所述，英特尔通过高效的人才管理理念，成功打造了一支高素质、高效率、高创新能力的团队，为企业持续发展和保持领先地位奠定了坚实的基础。这一案例充分说明了因事用人对于组织发展的重要性和实践价值。作为领导者，应深刻理解并践行这一理念，以科学的方法和灵活的策略不断优化人力资源配置，推动组织不断向前发展。

保证被授权者拥有必要资源

企业的生存与发展不仅依赖于正确的战略决策，更在于如何将战略

领导力是训练出来的

转化为行动,而这一切的实现在于高效的领导力和资源的合理配置。领导者作为组织的操盘手,其角色之一便是确保每位被授权者——无论是中层管理者还是一线员工,都能获得执行任务所需的必要资源。

沈阳,这座历史悠久的城市,在新时代的浪潮中孕育出了一批敢于创新、勇于变革的企业。其中,某大型机械制造企业在市场需求变化、技术迭代加速等多重挑战下,成功实现了从传统制造向智能制造的转型升级,成为业内瞩目的焦点。这一华丽转身的背后,离不开企业领导者的前瞻视野与果断决策,更关键的是,他们确保了每位被授权者在变革过程中都能拥有必要的资源支持。

一切变革始于明确的目标与科学的战略规划。该企业领导者深刻认识到,在全球化的激烈竞争背景下,仅凭低成本、低技术的生产方式已难以实现持续发展。因此,他们确立了"创新驱动发展、智能引领未来"的战略目标,旨在通过智能化改造提升生产效率,增强产品竞争力。在此基础上,领导层详细规划了转型升级的路线图,包括引进自动化生产线、建立数字化管理系统、培养跨学科复合型人才等关键环节。

明确了战略目标后,领导者们面临的首要任务是进行资源评估与优化配置。他们深知,资源是实现转型升级的重要基础,包括但不限于资金、技术、人才、信息等。针对这些关键资源,该企业采取了以下措施:

首先是资金筹集与监管。通过政府补贴、银行贷款、资本市场融资等多种方式筹集资金,确保转型升级项目有足够的资金支持。同时,建立严格的财务监管机制,确保每一笔资金都能用到刀刃上。

其次是技术引进与合作。积极与国内外顶尖科研机构、高校及行业领军企业建立合作关系,引进先进的生产技术和设备,同时鼓励企业内部研发创新,形成自主知识产权。

再次是人才培养与引进。启动"人才强企"战略，加大对高层次人才的引进力度，同时建立内部培训体系，提升现有员工的技能水平和综合素质。设立创新奖励机制，激发全员创新活力。

最后是信息化平台建设。投资建设企业级的信息化管理系统，实现生产、销售、库存等各个环节的数据实时共享与分析，为决策提供科学依据。

在资源配置的过程中，该企业领导者特别强调授权与资源支持并重的原则。他们相信，只有充分授权，让员工感受到责任与信任，才能激发他们的创造力和执行力。为此，企业采取了以下措施：

首先是明确授权范围与责任。对每个部门和岗位进行细致的职责划分，明确授权范围，确保每位被授权者都清楚自己的权责边界。同时，通过签订责任书的形式，强化被授权者的责任意识。

其次是精准投放资源。根据各部门的实际需求和工作计划，精准投放所需资源。该企业对于重点项目和关键岗位，更是给予倾斜支持，确保资源的有效利用。

最后是建立调整机制。建立定期汇报与评估制度，及时了解各项目进展情况及遇到的问题。对于资源分配不合理或效果不佳的情况，及时进行调整优化，确保资源始终处于高效运转状态。

经过几年的努力，该企业成功完成了从传统制造向智能制造的转型升级，生产效率大幅提升，产品质量显著提高，市场竞争力显著增强。这一系列成就的取得，离不开企业领导者的正确领导与合理的资源配置策略。

由此可见，在复杂多变的市场环境下，领导者必须具备高度的前瞻性和敏锐的洞察力，能够准确判断形势，作出正确的战略决策，实施必要的授权管理。在授权任务的具体执行过程中，领导者一方面要确保资源的精准投放和高效利用，另一方面要给予员工足够的自主权与决策权，让每一份投入都能产生最大的效益。

综上所述，领导者练就"保证被授权者拥有必要资源"的能力，需要一系列具体而系统的训练方法。以下是一些详细的步骤和策略：

1. 清晰界定任务和资源需求

（1）任务分析与规划：领导者应与被授权者共同进行任务分析，明确任务目标、关键里程碑、所需时间和具体资源。通过详细讨论，确保双方对任务都有清晰的认知。

（2）资源清单制定：根据任务需求，列出所有必要的资源，包括人力、物力、财力和信息等，确保资源清单详尽且具体，无遗漏。

2. 建立资源评估与调配机制

（1）资源评估培训：组织培训活动，教授领导者如何评估现有资源是否满足任务需求，包括财务评估、人力资源评估、技术评估等多个方面。

（2）跨部门协作：领导者应学会跨部门协作，协调不同部门之间的资源。通过定期召开资源调配会议，确保资源得到最优配置。

（3）资源预留与备份：对于关键资源，领导者应预留一定比例的备份，以应对突发情况或资源短缺的问题。

3. 授权与责任明确

（1）明确授权范围：在授权时，明确告知被授权者的权力范围和资源使用权。确保被授权者知道在何种情况下可以自主调配资源，以及在何种情况下需要向上级请示。

（2）清晰责任划分：明确任务完成过程中的责任划分，包括资源使用的责任、汇报任务进度的责任等。通过签订责任书或任务书，确保双方对责任都有明确的认知。

4.建立反馈与调整机制

（1）定期进度汇报：要求被授权者定期汇报任务进度和资源利用情况，以便领导者及时了解资源是否得到有效利用，以及是否存在资源短缺或浪费的问题。

（2）资源利用效率评估：对被授权者利用资源的效率进行数据分析，找出资源利用中的瓶颈和浪费点，并制定改进措施。

（3）适时做出调整：根据任务进展和资源利用情况，灵活调整资源分配方案，确保资源始终围绕任务目标进行优化配置。

5.培养资源管理能力

（1）案例学习：组织领导者学习成功和失败的资源管理案例，总结经验教训，提升领导者的资源管理能力。

（2）模拟演练：设置模拟任务场景，让领导者在模拟环境中作出资源管理决策，以检验领导者的决策能力和应变能力。

（3）外部培训：参加专业的资源管理培训课程或研讨会，借助外部专家的经验和知识，提升领导者的专业能力。

6.营造支持性文化

（1）倡导资源共享：在组织内部倡导资源共享的文化氛围，鼓励员工之间相互协作、互相帮助，共同解决资源短缺的问题。

（2）建立激励机制：对在资源管理方面表现突出的个人或团队给予表彰和奖励，激发员工参与资源管理的积极性。

（3）开放沟通渠道：建立畅通的沟通渠道，鼓励员工就资源管理问题提出意见和建议，及时发现问题并采取措施加以解决。

总之，领导者必须高度重视资源的配置与管理，通过具体的训练方法和实践锻炼，可以不断提升领导者的资源管理能力，确保每位被授权者都能拥有完成任务所必需的资源。

建设性解决人员错配问题

领导者在建设和管理团队的过程中，常会面对人员错配的挑战，此时就要求领导者必须具备建设性解决这一问题的能力，以确保团队的和谐、高效与持续发展。

人员错配指的是组织内部成员的能力、兴趣、性格或价值观与岗位要求、团队氛围或组织文化之间存在不匹配的情况。这种不匹配可能表现为员工绩效低下、团队冲突频发、员工满意度下降及离职率升高等现象。这种问题产生的原因可以分为内部因素与外部因素（见图9-2）。

岗位设计不合理
岗位说明书模糊、职责不明确或超出员工能力范围

培训与发展不足
员工缺乏必要的培训和支持，难以胜任岗位要求

文化冲突
员工的价值观与组织文化不符，导致融入困难

市场变化
行业发展趋势、技术革新等外部因素导致岗位要求发生变化

个人因素
员工个人职业规划、生活状态等发生变化，影响工作投入和表现

图9-2 人员错配的原因

人员错配识别的方法可以概括为如下四点：

首先是绩效反馈：定期收集和分析员工的绩效评估结果，识别出持续表现不佳或未达到预期的员工。

其次是行为观察：在日常工作中注意观察员工的行为模式、沟通方式和团队协作情况，判断是否存在与岗位或团队要求不符的现象。

再次是满意度调查：通过员工满意度调查了解员工对自身工作、团队氛围及组织文化的感受，发现潜在的错配问题。

最后是能力评估：借助专业的能力测试或360度反馈等工具，全面评估员工的技能、兴趣和价值观，将这些与岗位需求进行对比。

某科技公司的创始人即研发部门的负责人。随着公司业务的快速发展，研发项目日益增多且复杂度提升，团队内部逐渐显现出人员错配的问题。一些关键岗位上的员工虽然技术过硬，但性格内向，不擅长沟通协调，导致项目进展受阻；另一些员工则对新技术充满热情，但现有岗位未能充分发挥其潜能，使他们感到沮丧和不满。

创始人意识到了问题的严重性，开始深入了解团队现状。他通过查阅项目报告、绩效数据，以及进行一对一的员工访谈，全面掌握了团队内人员错配的具体情况。他发现，除了上述提到的沟通协调能力与岗位要求不匹配外，还有部分员工的专业技能与当前项目需求存在偏差，影响了整体工作效率。

在识别问题的基础上，创始人进一步分析了人员错配的原因。他认为，一方面是由于公司快速发展带来岗位变动频繁，一些员工未能及时适应新岗位的要求；另一方面是由于团队在人员配置和岗位设计时缺乏前瞻性和灵活性，没有充分考虑到员工的个人特长和发展需求。

针对上述问题，创始人责成人力资源部门制定了以下建设性解决方案：

1. 岗位轮换与调整

对于技术过硬但沟通不畅的员工，人力资源部门安排了内部培训，提升其沟通协调能力，并将其调整至需要深入技术研究而非频繁沟通的岗位上。同时，公司也鼓励这些员工参与跨部门合作项目，以开阔视野和增强团队成员的合作能力。

2. 技能升级与岗位匹配

针对专业技能与项目需求不匹配的员工，人力资源部门组织了针对性的技能培训，帮助他们掌握新技术和工具。同时，公司根据员工的技能特点和项目需求，进行了岗位重新匹配，确保每位员工都能在最适合自己的岗位上发挥最大效能。

3. 建立人才发展体系

创始人意识到，要从根本上解决人员错配问题，必须建立一套完善的人才发展体系。他推动实施了员工职业规划制度，鼓励员工根据自己的兴趣和职业规划制定发展目标，并提供相应的培训和支持。同时，人力资源部门还建立了内部晋升机制，为优秀员工提供更多晋升机会和发展空间。

4. 强化团队文化建设

为了营造一个更加开放、包容的团队氛围，创始人加强了团队文化建设，由人力资源部门定期组织团建活动，增强团队凝聚力。同时，创始人也鼓励员工提出意见和建议，共同参与团队决策过程，让每个人都感受到自己是团队不可或缺的一员。

在创始人的领导下，这些策略都得到了有效实施。经过一段时间的调整和磨合，团队内部的人员错配情况显著改善。员工们的工作积极性和满意度显著提升，项目进展也更加顺利。更重要的是，通过这一系列举措的实施，该公司的研发团队构建了一个更加高效、和谐的工作环境，为公司的持续发展奠定了坚实基础。

总而言之，领导者在有效解决人员错配问题的过程中，可以展现出高度的责任感、敏锐的洞察力和卓越的领导力，为组织的可持续发展奠定坚实的基础。同时，领导者还应不断学习和提升自己在这一领域的专业能力，以应对日益复杂多变的管理挑战。

以员工的长处为重心进行考评

传统的考评体系往往侧重于发现员工的不足之处，试图通过"修正"短处来提升整体绩效。然而，这种做法忽略了人的全面发展规律，即每个人的成长都是基于其优势的不断拓展和深化，以员工短处为中心的考评方式必然会限制员工的成长与团队的创造力。因此，领导者必须善于以员工的长处为中心进行考评。这是人力资源管理的一大趋势，也是激发团队潜能、促进组织持续发展的关键路径。

领导者作为团队的核心驱动力，必须明白，每个员工都拥有独特的天赋和优势，这些长处是其职业生涯中最为宝贵的资源。领导者以员工长处为考评重心，能够极大激发员工的内在动力。当员工感受到自己的长处被认可、被重视时，他们会更加自信地面对工作中遇到的挑战，愿意投入更多时间和精力去发展自己的优势领域，从而实现个人潜能的最大化。

以员工的长处为重心进行考评，要求领导者具备更加全面和包容的视角，关注员工的整体能力和潜在价值，而非仅仅局限于某一方面的缺陷，可以更加精准地识别员工的独特价值。

了解并认可员工的长处之后，领导者需要针对每个员工的优势制定

领导力是训练出来的

个性化的发展方案。这些方案应基于员工的个人目标、职业兴趣和能力特点，帮助他们最大地发挥长处并弥补必要的短板。通过定制方案，员工能够在适合自己的道路上快速成长，同时感受到组织对其个人发展的关心和支持。

以长处为重心进行考评并不意味着忽视员工的短处或问题。相反，它要求领导者建立一种持续反馈的机制，定期与员工进行沟通和交流，了解他们在工作中的表现和感受。通过及时地反馈和指导，领导者可以帮助员工更好地发挥长处、改进不足，实现个人与组织的共同成长。

某科技公司高层通过一系列研讨与培训，统一管理层思想，明确了"以人为本，扬长避短"的管理理念。强调每个员工都有其独特的优势和价值，绩效评价应聚焦于如何更好地发挥这些长处，而非仅仅关注短板的弥补。

人力资源部联合各部门经理，共同设计了一套基于员工长处的绩效评价体系。该体系包括四个维度：专业技能优势、创新思维与实践、团队协作与领导力、个人成长与贡献。每个维度下设置若干可量化的指标，如"技术创新成果数量""团队协作解决复杂问题案例""个人技能提升证书获得情况"等，确保评价全面且客观。

在评价周期开始前，组织全员参与"自我认知工作"，鼓励员工自我评估，并列出自己的三大长处。同时，通过同事互评、上级反馈等方式，多维度收集员工长处信息，形成每位员工的"长处档案"。

基于员工的"长处档案"，主管与员工一对一沟通，共同设定既具挑战性又符合员工个人长处的绩效目标。这些目标不仅关注业务成果，更强调如何利用员工的长处推动项目创新和个人成长。

评价过程中，召开季度或半年度的绩效回顾会议，及时调整目标以适应业务变化和员工成长。同时，建立开放、透明的反馈机制，鼓励员工提出改进建议，确保评价体系持续优化。

一个以员工长处为重心的组织文化能够营造出积极向上、鼓励创新的工作氛围。在这种氛围中，员工敢于尝试新事物、挑战自我极限，因为他们相信自己的长处会得到认可和赞赏。经过一年的实践，该公司发生了显著变化：员工积极性与满意度大幅提升，工作动力增强；创新能力显著提升；以员工长处为驱动的项目频出亮点；团队氛围更加和谐，协作效率显著提高；企业文化更加包容，吸引了更多优秀人才的加入。

在以员工长处为中心的考评体系中，领导者的角色发生了深刻变化。他们不再是单纯的管理者或指挥官，而是员工的引路人、支持者和伙伴。领导者需要不断学习和提升自己的领导力，以更加开放、包容和创新的姿态去带领团队前行。

随着人力资源管理理念的不断发展和完善，以员工长处为重心的考评体系将成为越来越多组织的必然选择。未来，这一体系将更加注重个性化、差异化和动态化考评，以满足不同组织和员工的需求。同时，随着大数据、人工智能等技术的广泛应用，这种考评体系将更加精准和科学地识别员工的长处和潜力，为组织的可持续发展提供更加有力的支持。

第十章
决断力：从不同的观点和判断中选择

领导者的决断力，是他们在复杂多变的环境中展现出的关键能力。面对众多不同的观点和判断，他们能够保持冷静与理性，全面审视各种因素，权衡利弊得失。通过深入分析、综合判断，领导者能够在众多选择中迅速找到最佳方案，并果断作出决策。这种决断力不仅体现了领导者的智慧与勇气，更彰显了他们对组织发展方向的深刻洞察与坚定信念。在领导者的带领下，团队能够迅速响应市场变化，把握发展机遇，实现持续发展。

个人见解与决策的关系

组织决策作为指导企业行动、决定未来发展方向的关键环节，其质量与效率直接关乎企业的兴衰成败。领导者的个人见解，作为决策过程中的重要输入，对组织决策的形成与执行产生深远的影响。本节旨在深入探讨领导者的个人见解与组织决策之间的关系，分析两者如何相互作用、相互影响，并探讨在面对挑战时的应对策略。

领导者的个人见解，是指领导者在长期的领导力实践中形成的对特定问题、趋势或挑战的独特看法、理解和判断。这些见解往往基于领导者的个人经验、知识背景、价值观以及对外界环境的敏锐感知，通常具有主观性、前瞻性和影响力（见图10-1）。

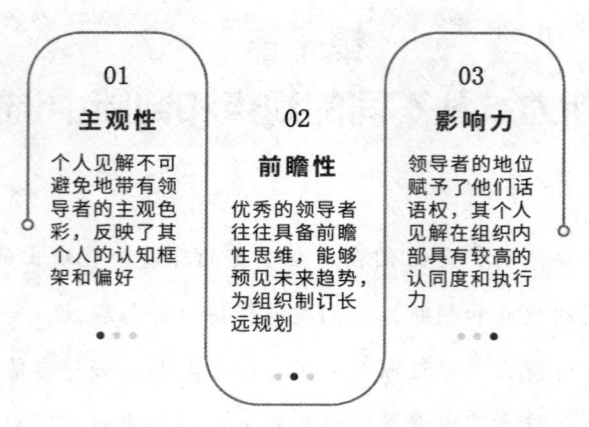

01 主观性
个人见解不可避免地带有领导者的主观色彩，反映了其个人的认知框架和偏好

02 前瞻性
优秀的领导者往往具备前瞻性思维，能够预见未来趋势，为组织制订长远规划

03 影响力
领导者的地位赋予了他们话语权，其个人见解在组织内部具有较高的认同度和执行力

图10-1　领导者个人见解的特性

组织决策通常包括问题识别、信息搜集、方案制定、评估选择、实施监控及反馈调整等阶段。这些阶段相互衔接，构成了一个完整的决策循环。再加上信息、利益相关者、资源和风险与不确定性这四项决策要素，构成了完整的组织决策矩阵。

领导者的个人见解往往成为组织决策的起点和核心。领导者基于自身的前瞻性思考和独特洞察，为组织指明发展方向，设定战略目标。

领导者的专业知识和丰富经验使得他们的个人见解在决策过程中具有重要参考价值。然而，过度依赖个人知识和经验也可能导致决策陷入"一言堂"，忽视其他重要因素，降低决策质量。这就是领导者的个人见解对组织决策的积极作用与潜在风险。

积极作用：

加速决策。在紧急情况下，领导者的果断决策能够迅速应对挑战，把握机遇。

激发创新。领导者独特的见解能够打破常规，推动组织创新和发展。

增强凝聚力。领导者的个人魅力能够凝聚团队力量，激发成员的积极性和归属感。

潜在风险：

主观偏见。过度依赖个人见解可能导致决策偏离客观事实，忽视外部变化。

信息孤岛。领导者的决策可能基于有限信息，形成"信息孤岛"，影响决策的全面性和准确性。

压制团队。过于强势的领导者会抑制团队成员的创意和意见表达，导致决策缺乏多样性。

无论领导者的个人见解对组织决策有积极作用还是有潜在风险，领导者的个人见解都通过其言行举止进行传播，而后逐步渗透至组织的各个层面，形成特定的决策氛围和价值观体系。这种文化氛围必然影响团队成员的思考方式和决策偏好，形成对组织决策过程中的必然性挑战。因此，要求领导者在组织决策中建立适当的应对策略，如建立开放决策体系，以鼓励团队成员积极参与决策过程，形成多元化、开放性的决策氛围；强化信息管理，建立高效的信息收集、分析和利用机制，确保决策基于全面、准确的信息；培养领导力梯队，通过培养接班人、建立领导力梯队，确保组织在领导者更替时能够保持决策的连续性和稳定性。

在华为公司的发展过程中，任正非的个人见解体现在其对市场趋势的敏锐洞察、对技术研发的持续投入以及对全球战略的精心布局上。任正非的领导风格体现在强调团队合作与集体智慧，鼓励员工提出不同意见，同时他也注重自身学习，保持对新技术和新知识的敏锐度。

领导力是训练出来的

在华为面临美国打压等外部压力的严峻挑战时,任正非的个人见解发挥了关键作用。他提出了"备胎计划",鼓励企业自主研发,减少对外部供应链的依赖。这一决策不仅帮助华为渡过了难关,还进一步提升了其技术实力和市场竞争力。同时,任正非也强调企业文化建设,激发员工的奋斗精神和创新能力,形成了一支具有高度凝聚力和执行力的团队。

综上所述,领导者的个人见解与组织决策之间存在着密不可分的关系。一方面,领导者的独特见解和前瞻性思考为组织提供了方向和动力,是组织决策的重要源泉;另一方面,组织决策的质量与效果也反过来验证和修正领导者的个人见解,促进领导者的自我提升和成长。

领导者在发挥个人见解影响力的同时,也需要警惕潜在的风险和挑战。过度的个人色彩可能导致决策的主观性和片面性,忽视团队和环境的多样性。因此,建立开放、包容的决策体系,加强信息管理和团队协作,是领导者在决策过程中需要重视的关键。

总之,领导者的个人见解与组织决策之间的关系是一个动态、复杂且相互促进的过程。领导者需要在发挥个人见解优势的同时,注重团队协作和信息管理,以更加开放、包容的心态面对未来的挑战和机遇。

了解问题的周期性质

理解并掌握问题的周期性质,是领导者提升应变能力、促进组织持续发展的关键。问题的周期性质指的是问题从产生、发展、高潮到解决,再到可能重新出现或演变为新问题的循环过程。这一过程不仅涉及时间维度上的变化,还伴随着企业内外部环境因素的相互作用。这种认知不仅能帮助领导者更准确地诊断问题，还能指导其制定更具前瞻性和适应性的决策策略。

某家以智能硬件研发为主的科技公司，近年来在市场上取得了显著成就，但其核心产品逐渐面临市场饱和及竞争对手快速迭代的压力。公司创始人意识到，持续创新是保持竞争力的核心，但创新过程中往往伴随着高风险和不确定性，问题的周期性特点尤为突出。

1. 问题识别与初期阶段

案例描述：该公司创始人首先通过市场调研、用户反馈收集以及内部技术评估，识别出产品创新能力不足是当前面临的主要问题。此时问题处于孕育期，尚未造成直接的市场冲击，但已显露隐患。

方法应用：

（1）建立预警系统。该公司创始人引入数据分析工具，监控市场趋势、竞争对手动态及用户行为变化，来确保问题苗头能被及时发现。

（2）跨部门协作。成立由研发、市场、销售等部门组成的专项小组，共同分析问题根源，明确创新方向。

2. 问题发展与应对策略制定

案例描述：随着市场反馈的积累，产品销量下滑，用户满意度下降，问题进入快速发展期，公司急需找到突破口，实现产品差异化。

方法应用：

（1）创新思维激发。采用设计思维、敏捷开发等方法，鼓励团队跨界合作，激发新点子。同时，设立"创新研发室"，提供小规模试错空间。

（2）资源倾斜。该公司创始人决定调整预算分配，优先保障创新项目的资金需求，并引进外部专家顾问团队加速研发进程。

3. 问题高潮与危机应对

案例描述：在创新尝试过程中，某款新产品因技术难题未能如期上市，导致市场预期落空，股价波动，公司内部士气低落，问题达到高潮。

方法应用：

（1）透明沟通。创始人迅速组织召开全体员工大会，坦诚面对问题，解释原因，并承诺采取补救措施，增强团队信心。

（2）灵活调整策略。基于市场反馈，快速调整产品方向，优先推出技术成熟、市场需求迫切的改良版产品，缓解短期压力。

（3）风险管理。完善风险应对机制，建立紧急预案，确保在面对突发状况时能迅速响应，减少损失。

4. 问题解决与反思总结

案例描述：经过一系列努力，公司成功推出多款创新产品，重新赢得市场认可，问题得到有效解决。但创始人深知，这只是暂时的胜利，新的挑战随时可能会出现。

方法应用：

（1）持续迭代。建立产品迭代机制，不断收集用户反馈，优化产品功能，保持竞争力。

（2）知识管理。整理实施项目的经验，形成知识库，供未来实施项目时参考，避免重蹈覆辙。

（3）文化塑造。强化组织内的创新文化，鼓励员工持续学习，勇于创新，将创新视为组织的核心价值观之一。

5. 预防与预见未来

前瞻思考。在问题得到解决后，该公司创始人开始思考如何预防类似问题再次发生，并预见未来可能面临的挑战。为此，创始人加强了市场趋势预测，与科研机构建立长期的合作关系，提前布局新技术研发，确保公司在行业内的领先地位。

通过上述案例的解析，我们可以明白领导者在理解和应对问题的周期性质时须具备敏锐的洞察力、果断的决策力、灵活的应变能力以及前瞻性的战略眼光。通过建立预警系统、跨部门协作、激发创新思维、资源倾斜、透明沟通、灵活调整策略、持续迭代、知识管理以及前瞻性思考等一系列措施，领导者能够有效地识别问题、应对挑战、解决问题，预防未来的风险，并作出最符合组织发展的决策，推动组织的可持续发展。在这一过程中，领导者不仅是在解决问题，更是在提高组织应对未来挑战的能力。

找出解决问题必须满足的边界条件

领导者在决策过程中，识别并明确解决问题必须满足的边界条件是一项至关重要的任务。这些边界条件构成了决策制定的框架，限定了可行解的范围，确保决策既符合实际情况又具有可操作性。边界条件可能涉及资源限制、法律法规、技术可行性、市场需求、组织文化等多个方面。通过清晰地界定这些条件，领导者能够制定出更加精准、有效的决策方案。

边界条件限定了决策实施的条件和环境，确保决策方案在现实中能够顺利实施，避免不切实际的幻想和盲目行动。明确边界条件有助于领导者在作决策时合理分配有限资源，确保资源的高效利用，避免资源浪费和无效投入。再通过识别潜在的风险因素并将其纳入边界条件考察的范围内，领导者可以在决策时提前规避或降低风险，增强决策的稳健性。

某科技企业计划开发一款面向年轻消费者的智能家居产品，旨在通过创新技术提升用户的生活品质。在决策过程中，领导者需要全面考虑并明确解决问题必须满足的边界条件。

边界条件的识别与确定具体如下：

第一，市场需求与竞争分析。

边界条件一：明确目标市场。领导者首先明确了目标市场为年轻消费群体，特别是众多追求科技感和生活便利性的年轻人。这一条件限定了产品开发的方向和定位。

边界条件二：了解竞争态势。通过市场调研，领导者掌握了同类产品的竞争态势，包括价格、功能、用户评价等信息，确保新产品在竞争中具有差异化优势。

第二，技术可行性与研发投入。

边界条件三：技术可行性验证。研发团队对拟采用的核心技术进行了充分验证，确保其成熟可靠且符合市场需求。同时，领导者也设定了技术研发的时间节点和预算限制，确保项目按计划推进。

边界条件四：成本控制。考虑到成本对产品定价和市场竞争力的影响，领导者明确了产品研发和生产的成本控制目标，避免因过度投入导致产品定价过高或企业利润受损。

第三，法律法规与合规性。

边界条件五：遵守法律法规。在产品开发过程中，领导者要求组织内全体成员严格遵守国家关于隐私保护、数据安全、知识产权等方面的法律法规，确保产品合法合规上市。

第四，生产与供应链。

边界条件六：供应链稳定。领导者评估了现有供应链的稳定性和可靠性，确保原材料供应充足，生产流程顺畅。同时，也考虑了未来可能面临的供应链风险，并制定了相应的应对措施。

第五，市场推广与销售渠道。

边界条件七：市场推广策略。根据目标市场的特点和竞争态势，领导者制定了详细的市场推广策略，包括广告宣传、渠道拓展、用户互动等方面。同时，也明确了市场推广的预算和预期效果。

边界条件八：销售渠道建设。为了确保产品能够顺利进入市场并被消费者接受，领导者应积极布局线上线下销售渠道，与各大电商平台、零售商等建立合作关系。

在明确了上述边界条件后，该企业领导者组织相关部门和团队进行了深入讨论和协商，制定了详细的产品开发计划和时间表。在项目实施过程中，领导者密切关注市场变化和技术进展，及时调整决策方案以应对不确定性因素。此外，该企业领导者还加强了对项目进度的监控和评估，以确保各项边界条件得到有效落实。

通过明确并严格遵守解决问题必须满足的边界条件，该企业成功开发出一款具有差异化竞争优势的智能家居产品。该产品一经上市便受到了年轻消费者的热烈欢迎，销量持续增长。同时，企业也通过市场推广和销售渠道建设，进一步提升了品牌知名度和市场占有率。这一成功案例充分证明了领导者在决策过程中识别并明确边界条件的重要性。

由此可见，边界条件的明确有助于组织内部成员对决策目标、范围和限制达成共识，促进跨部门、跨团队之间的协同合作。本案例所展现的方法论，为领导者在决策过程中找出解决问题必须满足的边界条件提供了有力指导。通过对本案例的分析与总结，我们期望能够为更多领导者在决策过程中提供有益的参考和借鉴，以共同推动组织向更高质量、更可持续的方向发展。

以互相冲突的意见为基础

在领导者的决策过程中，倾听并考虑互相冲突的意见是至关重要的。这不仅有助于避免盲目自信和偏见，还能促进更全面、更客观的决策制定。一个优秀的领导者懂得如何利用这些看似对立的观点，从中提炼出更加合理且具备韧性的解决方案。

为什么必须以互相冲突的意见为基础呢？

首先是为了减少认知偏差。人在决策过程中经常受到认知偏差的影响，如确认偏误、过度自信、幸存者偏差等。倾听不同声音，尤其是那些与自己观点相左的意见，有助于领导者发现并纠正这些偏差，使决策更加接近真实情况。

其次是为了促进创新思维。与领导者意见冲突的意见往往代表不同的思考角度和解决方案，将它们纳入决策过程，可以激发团队的创新思维，发现新的可能性，从而制定出更具前瞻性和创新性的策略。

再次是为了增强决策的韧性。基于多种观点的决策通常具有更强的韧性，能够更好地应对未来的不确定性。当外部环境发生变化时，这样的决策其适应性和可调整的空间更强更大，可以更好地确保组织目标的实现。

最后是为了提升团队凝聚力。领导者在决策中重视并尊重不同意见，能够增强团队成员的信任感。成员感受到自己的声音被重视，从而更加积极地参与决策过程，提升团队的凝聚力和执行力。

在苹果公司设计 iMac 电脑的过程中，乔纳森·艾维领导的设计团队面临一个重大挑战：如何设计出一款既美观又实用的个人电脑？对此，团队内部出现了截然不同的两种观点：一方认为，作为一款个人电脑，iMac 应当继承苹果公司一贯的高性能传统，采用当时最先进的硬件配置，来确保用户在处理复杂任务时能够得心应手。这一观点强调了产品的技术领先性和功能性。另一方则持截然不同的看法。他们认为，随着家庭用户的日益增多，个人电脑已经逐渐从专业工具转变为家庭娱乐和学习的重要设备。因此，iMac 的设计应当更加注重外观的美观性和使用的便捷性。这一观点主张采用创新的设计理念，打破传统个人电脑的沉闷形象，让 iMac 成为一款既实用又时尚的家庭用品。

艾维作为领导者，深知设计一款成功的个人电脑产品，不仅需要先进的技术支持，更需要贴近用户需求的设计理念。因此，他没有简单地选择其中一种观点，而是采取了更加开放和包容的态度，鼓励团队成员充分表达自己的想法和观点，大胆尝试新的设计元素和材质，同时也注重保持产品的整体协调性和实用性。

在经过无数次的讨论和实验后，设计团队终于找到了完美的平衡点，他们成功地将先进的技术与时尚的设计相结合，制造出一款既美观又实用的 iMac 电脑。这款电脑采用了半透明的彩色外壳和圆润的边角设计，不仅外观时尚美观，还极大地提升了用户的体验感。

iMac 的推出无疑为苹果公司带来了巨大的成功。它不仅赢得了市场的广泛好评和用户的热烈追捧，还成功地重塑了苹果公司的品牌形象和市场地位。这款电脑以其独特的设计风格和卓越的性能表现，成为个人电脑市场上的一股清流，引领了一场新的设计潮流。

更重要的是，iMac 的成功为苹果公司的后续产品开发奠定了坚实的基础。它证明了苹果公司有能力在保持技术创新的同时，更加注重产品的设计美学和用户体验。这一理念不仅贯穿于苹果公司的后续电脑产品线中，还延伸到了手机、平板电脑等其他产品中，成为苹果公司独特的竞争优势之一。

通过以上案例分析可以看出，领导者在决策过程中以互相冲突的意见为基础，不仅有助于减少认知偏差、促进创新思维和提升决策韧性，还能增强团队的凝聚力和执行力。因此，领导者应该具备开放的心态和包容的胸怀，积极倾听并尊重不同意见。在决策过程中，领导者应该鼓励团队成员充分表达自己的观点，并通过讨论和辩论来整合这些意见。最终，领导者应该在综合考虑各种因素的基础上，作出更加科学、合理的决策。

当然，接纳不同意见并不意味着领导者需要完全放弃自己的判断和决策权。相反，他们应该保持清醒的头脑和敏锐的判断力，在充分听取意见的基础上作出最终决策。同时，领导者还应该为团队成员提供足够的支持和帮助，从而确保他们能够积极参与决策过程并贡献自己的智慧和力量。只有这样，领导者才能真正做到以互相冲突的意见为基础作决策，并带领团队走向更加辉煌的未来。

对多个选项进行权衡

一个优秀的领导者在作出任何重大决策之前，都会全面而深入地考虑多个选项，并进行细致的权衡分析。这种权衡分析关乎组织的当前利益，涉及其长远发展，重要性不言而喻。

面对复杂多变的市场环境和组织内部的各种挑战，领导者若仅凭直觉或单一信息作出决策，那么很可能会导致判断失误。因此，领导者应该权衡多个选项，综合考虑各种因素，来减少盲目性，提高决策的准确性和合理性。

每个决策方案都有其自身的优缺点，以及可能带来的潜在风险。因此，只有通过权衡不同选项，领导者才能更清晰地识别出各种风险，并制定相应的应对措施，从而有助于降低决策失败的可能性，保障组织的稳定发展。

而且，组织的资源是有限的，如何在有限的资源下实现利益最大化，是领导者必须面对的问题。通过权衡不同选项的成本效益、资源投入等因素，领导者可以更加合理地配置资源，确保资源得到充分利用，为组织创造更大的价值。

决策过程涉及多方利益，不同的团队成员可能持有不同的观点和立场。通过权衡多个选项并公开讨论，可以促进团队成员之间的沟通与理解，提高团队共识和协作的能力，从而有助于形成更加统一和有力的行动方案，推动决策的有效执行。

随着数字技术的飞速发展，某公司作为传统制造业的领军企业，面临来自市场竞争、客户需求变化以及运营效率提升等多方面的压力。为了保持行业领先地位并实现可持续发展，公司高层决定启动数字化转型战略，以提升产品创新能力，优化生产流程，增强客户体验，并探索新的业务模式。

该公司可选的决策方案如下：

全面云化方案。将所有业务系统迁移至云端，利用云计算的弹性扩展能力、数据安全保障及高可用性，实现业务敏捷性与成本控制。同时，引入SaaS（软件即服务）产品，加速业务流程数字化。

自建大数据平台方案。投资建立自己的大数据中心，收集并分析公司内外各类数据，包括生产数据、市场数据、客户行为数据等，以数据驱动决策，优化产品设计与生产流程。

智能化升级方案。在生产线引入物联网（IoT）、人工智能（AI）和机器人技术，实现生产自动化与智能化，提高生产效率与产品质量，减少人力成本。

构建数字化供应链。利用区块链、物联网等技术，打造透明、高效的数字化供应链体系，提升供应链协同能力，缩短交货周期，降低库存成本。

领导者决策前对上述各方案选项的权衡过程如下：

首先，权衡战略契合度。全面云化能够快速响应市场变化，提升业务灵活性，与公司追求敏捷性的战略方向高度契合；自建大数据平台有助于深入挖掘数据价值，为公司提供战略洞察，但投资大、周期长，需评估长期收益；智能化升级直接关联生产效率和产品竞争力，是公司转型升级的关键一步；数字化供应链的构建有助于提升供应链整体效能，增强市场竞争力，但需要协调多方利益，实施难度较大。

其次，权衡投入与回报。全面云化的初期投入较大，但长期看可以节省 IT 运维成本，提高资源利用率；自建大数据平台投资巨大，需要考虑数据的收集、存储、分析等环节的成本与收益；智能化升级需要大量技术投入，但能够显著提升生产效率与产品质量，带来较好的经济效益；数字化供应链的构建需要跨组织合作，投入不仅包括技术费用，还包括协调成本与风险。

再次，权衡技术成熟度与风险。云计算技术已相对成熟，风险相对较低，但对于数据安全与合规性需要特别注意；大数据技术发展迅速，但数据处理与分析能力需要持续投入研发；智能化升级需要考虑技术成熟度与人才储备，避免技术选型失误；数字化供应链构建涉及多方技术整合，技术兼容性与稳定性是重要考量因素。

最后，权衡组织与文化变革。所有方案均需要公司上下一心，推动组织文化与工作方式的深刻变革，以适应数字化转型的需求。特别是自建大数据平台与智能化升级，需要培养数据驱动的文化氛围，鼓励跨部门协作与创新。

经过深思熟虑，该公司 CEO 最终拍板决定采取"分阶段、分重点"的实施策略。初期优先推进全面云化方案，快速提升业务灵活性与成本控制能力；中期重点投入智能化升级，提升生产效率与产品质量；同时，着手构建数字化供应链体系，为公司的长远发展奠定基础。对于自建大数据平台，则采取逐步试点、逐步扩展的方式，确保技术与资源的有效利用。这一决策体现了领导者在复杂环境中综合权衡与长远规划的能力。

综上所述，领导者在作决策之前对多个选项进行权衡，不仅能避免盲目决策和降低潜在的风险，还能优化资源配置和增强团队共识。在实际操作中，领导者应该根据组织的实际情况和市场环境，综合考虑各种因素，并运用科学的方法和工具进行权衡分析。只有这样，才能作出更加合理和有效的决策，从而推动组织的持续发展和繁荣。

让决策可以被具体实施

领导者既是战略的制定者，更是确保这些战略决策能够顺利转化为实际行动、达成组织目标的关键人物。领导者必须深刻认识到，一个精妙的决策如果无法得到有效执行，其价值将大打折扣甚至归零。因此，确保决策可以被具体实施，是领导者不可或缺的责任与能力体现。

首先，决策的科学性是前提。领导者在决策过程中需要基于充分的市场调研、内部资源评估及外部环境分析，运用科学的方法和工具（如SWOT分析、PESTEL模型等），确保决策既符合组织愿景，又具有现实可行性。现实可行性不仅指技术上的可操作性，还包括资源调配、组织结构、人员能力等方面的匹配度。

其次，建立支持执行的文化和机制至关重要。组织文化应当鼓励创新、容错与持续改进，让成员敢于面对挑战、勇于承担责任。同时，建立清晰的责任分配体系、激励机制和沟通渠道，确保每个成员都明确自己的角色、任务和期望成果，形成上下一心、协同作战的良好氛围。

在确保决策落地的关键举措上，领导者需要将决策意图、目标、策略和预期成果清晰地传达给所有相关人员，让大家对已经作出的决策有共同的理解和认同。然后再通过召开动员大会、发布内部通知、组织讨论会等形式，促进信息的流通与共享，形成强大的执行合力。

在将决策转化为具体行动计划方面，领导者需要明确计划的时间节点、责任人和评估标准。可以采用项目管理的方法，将大任务分解为小任务，以保证每一步都有人负责、有人跟进。同时，建立问责机制，对执行不力的情况及时纠正并追究责任。

在计划的执行过程中，领导者需要密切关注进度，定期收集反馈信息，评估执行效果。对于出现的问题和挑战，要及时组织分析，找出原因并调整策略，必要时，可启动应急预案或调整资源配置，确保决策目标的顺利实现。

谷歌公司自成立伊始，便一直在探索利用技术创新解决全球性问题的方法。在2013年，谷歌启动了一个名为Project Loon（气球网络）的雄心勃勃的计划，旨在通过高空飞行的氦气球为偏远和难以触及的地区提供互联网接入服务。这一决策体现了谷歌对技术创新的不懈追求，彰显了该公司对社会责任的担当。

在作出决策之前，谷歌进行了广泛的市场调研和技术预研。他们发现，世界上许多偏远地区由于地理、经济等原因，无法享受到稳定的互联网服务，因而严重制约了当地的教育、医疗和经济发展。但是，随着通信技术的快速发展，特别是无线网络技术的进步，通过气球作为中继站传输网络信号成为可能。谷歌团队利用自身的技术积累和能力创新，开发出了能够搭载网络设备的轻质、高海拔气球，这些气球可以在平流层中稳定飞行数月，覆盖广泛的地理区域。

作出决策后，谷歌组建了跨部门的项目团队，包括工程师、气象学家、网络专家等，共同推进项目进展。他们调集了公司内外的优势资源，包括资金支持、技术专利和合作伙伴关系，为项目的实施提供了坚实的保障。

在项目执行初期，谷歌的项目团队进行了多次技术验证和测试，包

领导力是训练出来的

括气球的制造、升空、飞行控制和数据传输等方面。项目团队通过模拟实验和实地测试，不断优化技术方案，确保气球网络系统的稳定性和可靠性。

在此过程中，谷歌意识到，实施如此大规模的项目需要得到政府、运营商和当地社区的支持与配合。因此，项目团队积极与各国政府进行沟通和协商，争取政策支持和监管许可。同时，项目团队还与电信运营商建立合作关系，共同探索商业化运营模式的实施。

在技术和政策条件成熟后，谷歌选择了部分偏远地区进行项目试点。通过实际部署和运行，验证了气球网络系统的有效性和可行性。随后，项目团队根据试点项目的反馈和经验教训，逐步调整和优化技术方案，并开始在更广泛的地区进行推广。

在项目实施过程中，谷歌团队始终保持着高度的警惕性和灵活性。他们通过远程监控系统和数据分析工具，实时监控气球网络系统的运行状态和性能表现，一旦发现问题或异常情况，立即组织专家团队进行分析和处理，确保项目的顺利进行。

经过数年的努力，谷歌的 Project Loon 项目取得了显著的成果。越来越多的偏远地区开始享受到稳定、高速的互联网服务，极大地改善了当地的教育、医疗和经济发展状况。同时，该项目也得到全球范围内的关注和赞誉，为谷歌赢得了良好的社会声誉和品牌影响力。更重要的是，它展示了领导者如何通过科学决策和有效执行来推动社会进步和发展。

综上所述，领导者在确保决策可以被具体实施的过程中，需要具备科学决策的能力、构建执行文化的智慧以及灵活调整策略的敏锐度。通过市场调研、细化计划、技术验证、合作协商、逐步推广、监控进度等策略，有效推动决策从理论走向实践，最终实现组织的长远发展。正如谷歌的 Project Loon 项目所示，优秀的决策与执行是推动企业迈向成功的重要保障。

第十一章
执行力：将决策与行动相结合

领导者执行力之精髓，在于将精准决策与高效行动无缝对接。领导者需要将高远决策转化为坚实行动，确保每一步都稳健有力。明确决策方向，为团队树立清晰航标；设定挑战性目标，激发潜能与创造力；将大任务拆解为可执行的小步骤，确保每位成员都能贡献力量；建立有效反馈机制，确保在执行过程中及时调整与优化；勇于试错，允许失败，能够从失败中快速复原。在执行过程中，领导者必须身体力行，强化执行力度，不畏艰险，持续推进。最终，通过对结果的公正评估与策略调整，不断提升团队整体执行力。

尝试未被验证的策略

领导者想要成就卓越，必须有勇气和魄力去做以前从未做过的事情。只要去探求就会发现，几乎所有成功的领导者的领导经历中都包括了大胆尝试未被验证策略的内容。因为他们非常清楚，自己不能以一贯的方式去完成任何新的或非凡的任务，必须打破那些束缚，冒险超越对自己和团队的限制。只有尝试新方法，才能抓住新机会。

领导力是训练出来的

11年前，Pivotal Software公司在特拉华州成立，随即该公司作出了软件开发过程必须遵循敏捷方法的决定，效果很好。但是，公司在其他方面并没有采取敏捷方法，因为大家都觉得没必要，高层领导者也认为全面改变付出的代价太大，且效果未知，不如就守住当下。但是，新上任的项目经理凯瑟琳·麦耶却不这样认为，她觉得敏捷应是未来企业的必需课题，科技类企业则会首当其冲受到冲击，如果公司不尽快做出改变，被淘汰出局的情况可能在极短时间内就会发生。于是，她向公司宣布：我决定在我领导的新项目中采取一种更加敏捷、迭代的方法。

首先，她面临的挑战是将下属的职位名称标准化，使之成为一个有一致性、简单的结构。挑战是颠覆性的，在项目中采用精益方法非常不易，涉及确定最终目标和实现目标的假设，进行小型试验以验证假设，并利用反馈来学习和迭代解决方案。

因为在公司内部没有先例可以遵循，因此没有人知道解决问题的理想方案应该是怎样的，只能向公司内部寻找好的想法。于是，麦耶和她的团队向公司全体员工发送了简短的调查报告，收集各方面的意见和想法，并与提出建设性意见的员工进行单独且深入的交谈。同时，他们也研究了很多外部推行敏捷方法的最佳时间，还邀请了一名精益专家协助实施，终于她的团队获得了一个有信心的方案。麦耶说，这个方案基于从不同角度获得的反馈进行多次迭代形成，这是我们根据收集到的各方面信息作出的最好选择。

他们的方案也得到了各相关方的认可，顺利推行后，效果极佳。公司立即响应，决定在全公司范围内开始实行敏捷方法。于是，在整个公司内部推行新职位成了一项挑战，毕竟每个人都拥有基于当下职位的既得利益。麦耶将实施过程分解为基于工作功能的模块，一次只在一个部门推行新的职位,以让每次推行都能获得支持,成为下一次推行的里程碑。新职位确定下来后,新的工作范围和工作职责的制定就顺理成章了,而且有了麦耶项目组的经验,在全公司范围内进行的大调整相当顺利。

如今,回头看该公司实施新方案的整个过程,还是很令人感慨的。在执行麦耶方案的早期,许多人都认为麦耶的想法是不可能完成的,因为他们的方案没有前车之鉴,失败的概率太大了。但麦耶依然决定尝试,即使他们的研究给出了不确定的结果,但他们也依然继续实验、继续调整,直至找到最好的解决方案。

领导者想要实现突破又没有风险,这是不可能的。要实现突破就必然伴随风险,也只有经历风险,才能验证所冒的风险是否值得。这样的领导者会将尝试变成学习进步的机会,因此不会简单地将大胆尝试定义为破除一切、抛弃一切,而是从小处、从试点着手积蓄力量、实现变革。

在尝试未知的过程中,领导者必须先进一步,不仅要乐于大胆尝试、承担风险,还要让其他人也加入其中,共同探究不确定的事物,共同感受冒险带来的价值,共同享受战胜未知得到的收益。

作为领导者必须记住这样一句话:独自出发探索未知是一回事,让他人跟随自己共同探索未知是另一回事。卓越领导者与个体探索者最大的不同之处在于,领导者能够营造让人们想加入共同奋斗的环境。

把任务分解成里程碑

卓越的领导者都有这样的意识,必须把所面临的大问题分解成小的、可行的问题,然后逐一解决。作为领导者,在具体的工作中也会有这样的经历，在开始实施新项目时，必须先尝试很多小方法，然后才能把事情做好，这就是典型的分解任务的做法。

在创新中，并不要求所有的创新都能成功，能够让最优秀的创新成功就可以了。而确保最优秀的创新能够成功的方法，就是将创新分解成很多小的创意，然后再将小创意逐一实现，最终汇聚成大创新。

吉塔·拉马克里什汗在印度新德里一家私立医院担任微生物学部门的领导，他注意到许多正在实施的流程需要改进。拉马克里什汗将自己的想法写成报告反映到医院，同时附上了改进建议。他的建议简单概括为：将需要改进的流程分解成几个部分，有条不紊地实施，以减轻风险。

拉马克里什汗之所以提出这样的建议，是因为他进行了深入的研究，知道改变现有体系既复杂又有风险，结合所研究的全国其他相关案例的改进过程，他认为将流程分解成为里程碑更有利于实施。

医院采纳了拉马克里什汗的建议，并将这项工作交给他具体负责。拉马克里什汗从所在部门开始实施，第一项工作是手工测试流程，先列出可能进行的改变，但他列举这些流程花费了大量时间，且错误率很高。后来他说服了医院领导者，购买所需的设备让测试过程自动化，减少了周转时间，降低了错误率。

拉马克里什汗先将自己的部门设定为改变的试点，再根据试验结果决定是否扩展到整个医院。他的计划被提交给医院领导层，内容包括最初的设备投资、按岗位重新编制劳动人员、运营和监控机器所需人员培训，将多余的实验室技术人员安置到其他部门，裁减不再被需要的人。

拉马克里什汗所在部门改编完毕后，经过一段时间的运营，明显节约了成本和降低了错误百分比，且部门内部形成了自我更新、自我迭代的能力。医院整体改变的绿灯点亮了，每个部门负责各自的改变，且改变是分期、分步完成的。如今该医院已经成为新德里地区运营效率最高的医疗机构，而这一切成绩都是通过大量的小事情积累取得的。

通过上述案例我们可以看出，好的领导者都能帮助下属将任务分解成为易操作、可衡量的里程碑，并推动里程碑不断实现。

每个里程碑的设定应遵循SMART原则：具体的（Specific）、可测量的（Measurable）、可达成的（Achievable）、相关性的（Relevant）和时限性的（Time-bound）。这样的设定确保里程碑既不过于抽象也不遥不可及，团队成员能够明确知道他们需要做什么、如何衡量成功以及何时完成任务。

再将大目标进一步细化为一系列小任务或子项目，每个任务都是一个向最终目标迈进的微小步骤。这些任务之间存在逻辑联系，形成一条清晰的执行路径。通过任务分解，复杂的项目变得易于管理和执行。

在达成每个里程碑时，要及时给予团队成员正面反馈和认可，并通过设立奖励与庆祝活动增强认可效果。如达成一般性里程碑，可给予日常小奖励；而达成重要里程碑，则要在组织内部进行公开庆祝。

在逐一实施里程碑的过程中，领导者需要持续监测项目进展，定期评估里程碑的完成情况。如果发现实际进展与预期存在偏差，就要及时分析产生问题原因，并采取相应的调整措施。在必要时，领导者还要有推翻原来设定的里程碑的勇气，根据实际情况重新划定里程碑。

总而言之，将任务分解成里程碑，有助于领导者带领团队一步步向目标迈进，最终实现愿景。在这个过程中，每个里程碑的达成都是对团队努力和付出的肯定与激励，也是向最终成功迈进的坚实步伐。

在执行过程中重视反馈

领导者在执行过程中重视反馈，是确保项目顺利推进、团队高效运作的关键。有效的反馈机制不仅能帮助领导者及时调整策略、优化管理，还能激发团队成员的积极性和创造力，形成正向循环。

作为领导者，必须明白反馈是领导工作的重要组成部分，如同导航仪，为团队指引方向，确保航行不偏离航道。通过反馈，领导者可以及时了解团队的工作进度、成员的状态以及存在的问题，从而做出有针对性地调整和优化。

海尔集团在张瑞敏的领导下，推行了"人单合一"管理模式，高度重视反馈机制的建设。在海尔，每个员工都被视为一个"自主经营体"，直接面对市场和客户。为了确保每个"自主经营体"都能快速响应市场变化，海尔建立了完善的信息反馈系统。员工在市场中遇到的问题、客户的需求和反馈都能迅速传达到领导层，领导层则根据这些信息制定策略，调整资源分配。

在国内企业领导者的案例中，海尔集团的"人单合一"模式是非常典型的，为我们提供了宝贵的启示。这类企业之所以能够取得今天的成就，离不开它们对反馈机制的高度重视和持续优化。作为领导者，应该从这些成功的案例中吸取哪些经验教训和学习哪些方法，以不断完善本组织的反馈机制呢？下面就来具体进行方法的论述：

1. 建立多元化反馈渠道

领导者应建立多元化的反馈渠道，确保收集的信息全面、准确。除了传统的面对面交流、即时通信沟通和邮件反馈外，还可以利用现代技术手段，如企业社交平台、在线调查工具等，提高反馈的效率和便捷性。同时，还要鼓励团队成员之间相互反馈，形成开放、包容的反馈文化。

2. 及时反馈与有效沟通

领导者在收到反馈后，应及时进行处理和回应。对于积极的反馈意见，要给予肯定和表扬；对于负面的反馈意见，则要认真倾听、分析问题并给出解决方案。在沟通过程中，领导者必须保持开放的心态和耐心的态度，避免情绪化的反应和指责。

3. 设立明确的反馈标准

为了确保反馈的准确性和有效性，领导者应设立明确的反馈标准，包括反馈的内容范围、格式要求、处理流程等。通过设立明确的标准，可以引导团队成员提供有价值、有针对性的反馈意见，减少无效和冗余的信息。

4. 将反馈纳入绩效考核

将反馈纳入绩效考核体系是激励员工积极参与反馈的有效手段。领导者可以设定与反馈相关的考核指标和奖励机制，鼓励员工主动提供反馈意见并关注反馈结果。同时，也要对反馈的质量和效果进行评估和考核，以确保反馈机制能够持续发挥作用。

5. 持续优化反馈机制

反馈机制是一个动态的系统，需要随着企业的发展和市场环境的变化而不断优化。领导者应定期评估反馈机制的运作情况，分析存在的问题和不足，采取相应的改进措施。例如，可以引入新的技术手段，提升反馈的效率和准确性；可以调整反馈标准和流程，适应企业的实际需求；可以加强培训和教育，提升团队成员的反馈意识和能力。

综上所述，在执行过程中重视反馈是领导者的重要能力与职责之一。通过建立多元化反馈渠道、及时反馈与有效沟通、设立明确的反馈标准、将反馈纳入绩效考核以及持续优化反馈机制等方法，领导者可以在组织内部构建起高效、开放、包容的反馈文化，助力组织长远发展。

通过允许失败提高成功率

在领导和管理领域，成功往往被视为领导者追求的目标，而失败则常常被领导者视为应竭力避免的结果。但是，一个富有远见的领导者应该了解到，失败是创新和进步的必经之路。通过失败，可以更加接近成功；通过允许失败，领导者能够积累让自己走向成功的资本；通过经历失败，领导者可以鼓励团队成员大胆尝试、勇于创新，从而提高团队整体的成功率。

因此，领导者必须深刻理解失败的价值。失败是学习过程的重要组成部分，它揭示了现有方法的局限性，并为改进和创新提供了宝贵的信息。正如托马斯·爱迪生所说："我没有失败，我只是发现了1万种行不通的方法。"因此，领导者应将失败视为向成功迈进的踏脚石，而非终结的标志。

为了充分发挥失败的价值，领导者需要为组织营造一个包容失败的氛围。这要求领导者做到三点：①明确态度。公开表示对失败的接纳和理解，强调失败是成功的必经之路。②鼓励尝试。鼓励团队成员大胆尝试新的想法和方法，不因为害怕失败而裹足不前。③公平对待。对于失败者和成功者给予同等的尊重和认可，不因一次失败而否定个人的价值。

腾讯作为中国互联网行业的领军企业，其创始人马化腾对失败的看法非常值得借鉴。马化腾深知在快速迭代的互联网行业中，保持创新能力的重要性。他鼓励团队成员敢于尝试新方向、新产品，即使面临失败也不轻易放弃。腾讯内部的多个重要产品，如微信、QQ音乐等，都是在不断的试错和改进中逐步完善的。马化腾的这种态度不仅激发了团队成员的创新精神，也为企业带来了持续的竞争优势。

华为作为中国通信行业的领军企业，其创始人任正非也是允许失败的典型代表。任正非在华为内部推行"灰度管理"的理念——面对复杂多变的市场环境，企业需要保持灵活性和适应性。他鼓励员工在面对困难时积极寻求解决方案，而不是回避或放弃。华为在研发新产品、开拓新市场时常常面临失败的风险，但任正非总是鼓励员工从失败中吸取教训，并不断调整策略。

腾讯的马化腾和华为的任正非等国内企业领导者的成功案例，都充分证明了失败对于企业成功的重要性。其实，作为领导者，除了为组织营造包容失败的氛围外，还可以通过以下方法进一步提高成功率：

1. 建立容错机制

在项目或产品创新过程中设定合理的容错范围，允许在一定范围内发生失败和错误。这种明确的边界和规则的设定，可以使团队成员在探索过程中安心尝试。

2. 鼓励复盘与总结

在每次失败后都进行深度的复盘和总结，分析失败的原因和教训，为未来的成功奠定基础。

3. 提供资源与支持

组织要为团队成员提供必要的资源和支持，包括资金、技术、人力等方面的支持，这些资源可以帮助团队成员更好地应对挑战，降低失败的风险。

4. 强化团队协作

加强团队成员之间的沟通与协作，集思广益，共同解决问题，共同面对挑战和失败，提高整体的成功率。

5. 注重员工成长

将员工的成长与企业的成功紧密结合起来，为员工提供学习和发展的机会。通过提升员工的能力和素质，可以增强团队的创新能力和适应能力，从而提高成功率。

必须强调一点，允许失败并不意味着纵容失败或忽视失败的后果。相反，它要求领导者以更加开放和包容的心态来看待失败，并从失败中汲取养分，促进成长。通过营造包容失败的氛围、建立容错机制、鼓励反思与总结、提供资源与支持以及强化团队协作等，领导者可以充分挖掘失败的价值，提高团队的整体成功率。我们相信，在未来的竞争中，那些能够拥抱失败、从失败中崛起的领导者将更有可能引领企业走向成功。

从失败中快速复原

在领导力修炼的征途中，失败如同一道不可避免的风景，既是对领导者决心与智慧的考验，也是塑造卓越领导力的熔炉。一个优秀的领导者，不仅能够直面失败，更能够从失败的灰烬中迅速站起来，以更加坚韧的姿态继续前行。

卓越的领导者往往具备强大的情感恢复力，这种能力能够使他们迅速从挫败感中抽离出来，重拾信心。情感恢复力源自两个方面的支撑：一是乐观主义的心态，相信"这次不行，下次一定行"；二是将失败归因于外部因素的倾向，如市场环境、供应链问题等，而非过度自责。

在失败面前，保持冷静是卓越领导者的必备素质。领导者必须先管理好自己的情绪，避免因情绪失控而作出错误的决策。冷静分析失败的原因，寻找解决之道，鼓励大家不悲观、不抱怨、不妥协、不放弃，通过自身的人格魅力帮助他人一并管理好情绪，这是复原最重要的一步。

能力卓越的领导者也一定具备持续学习的能力，能够从每一次失败中吸取教训、总结经验。通过回顾过去，分析成功的经验和失败的原因，不断完善自己的领导风格和策略，为未来的成功奠定基础。

在京东自建物流体系初期，企业面临巨大的资金压力和市场质疑，社会上甚至一度流传出"京东危矣"的言论，而京东内部的暗流也开始涌动。在内外皆不利的情况下，京东领导者坚持认为自建物流必将成为京东的核心竞争力之一。他们顶住压力，持续投入，最终建成了覆盖全国的物流网络。

如今，"贵重物品发京东""想要快到发京东""想要保障发京东"，都是对京东物流的最好诠释。如今回头去看，京东从失败中快速复原的方法在于企业领导人的战略眼光和执行力。他能够准确判断市场趋势，制定符合企业实际的战略，并坚定不移地执行下去。下面，我们借着京东的案例带给我们的启示，看看领导者从失败中快速复原需要哪些具体方法。

首先，领导者需要正视失败，承认并接受失败的现实，避免逃避或否认失败。因为逃避或否认失败只会让问题变得更加复杂。通过诚实面对失败，领导者可以更好地了解问题的本质，为接下来的行动打下基础。

其次，在承认、接受失败的基础上，领导者需要深入分析失败的原因，包括市场环境的变化、团队能力的不足、战略决策的失误等多个方面。通过深入分析，领导者可以找到问题的根源，为制定解决方案提供依据。

再次，根据失败的原因分析，领导者需要制定针对性的解决方案。这些方案应该具有可操作性和实效性，能够切实解决存在的问题。同时，领导者还需要考虑方案的可行性和风险性，确保在实施过程中能够取得预期的效果。

又次，在失败面前，团队成员可能会感到沮丧和失落。此时，领导者需要积极鼓励团队士气，激发团队成员的积极性和拼搏精神。除此之外，还可以通过分享成功案例和成功经验，激发团队成员的信心和动力。

最后，从失败中复原是一个持续的过程。领导者需要不断优化和调整自己的领导风格和策略，以适应市场环境的变化和企业发展的需要。通过定期回顾和总结过去的工作经验和教训，领导者就能不断完善自己的知识体系和能力结构，为未来的成功奠定坚实的基础。

总之，京东的案例为我们提供了宝贵的经验和启示，告诉领导者必须迅速从失败的阴影中走出来，以更加坚韧的姿态继续前行。在未来的领导实践中，领导者都应该积极借鉴那些成功企业家的经验和方法，不断提升自己的领导力和复原力。

在实施中思考改变方法

领导者在推动项目或战略实施时，往往会遇到各种预料之外的挑战和障碍。此时，领导者需要展现高度的灵活性和应变能力，能够在实施过程中不断思考并调整方法，以动态适应思维、系统性思维和创新思维的叠加方式，确保最终目标的实现。

动态适应思维要求领导者在面对不确定性时，能够保持敏锐的洞察力、灵活调整的策略和方法，以适应不断变化的外部环境。这种思维模式强调领导者应该具备快速学习和适应的能力，能够在实践中不断试错、调整策略，直至找到最佳路径。

系统性思维要求领导者将问题视为一个整体，理解各组成部分之间的相互关系和影响。在实施过程中，领导者需要运用系统性思维来审视整个项目或战略的运行情况，识别出关键环节和瓶颈所在，从而有针对性地调整方法，实现方法的整体优化。

创新思维是领导者在实施过程中改变方法的重要驱动力。领导者应鼓励团队成员提出新的想法和解决方案，打破传统思维束缚，勇于创新尝试。通过引入新的技术、工具或方法，领导者可以带领团队克服困难，推动项目或战略的成功实施。

小米创始人雷军在推动公司发展过程中展现出强大的动态适应能力和创新思维。他提出了"互联网+"的商业模式，将互联网思维引入传统制造业，通过线上线下的深度融合，实现了产品的快速迭代和市场的快速响应。在实施这个模式的过程中，雷军不断调整产品策略和营销手段，以满足不同用户的需求和偏好。同时，他还注重与合作伙伴的协同创新，共同推动行业的进步和发展。

雷军与小米的成功表明，领导者需要在率领组织发展的过程中时刻保持敏锐的市场洞察力，勇于在"形势一片大好"之时提前改变，尝试新的商业模式和技术手段，将未来有可能遭遇的危机提前化解。

领导者在任何情况下都不能"自我感觉良好"，毕竟商业竞争如逆流而生，不进则退。同时，领导者也不要盲目相信某种成功的经营模式，没有永远的成功，只有永远的改变，在实施过程中不断思考，不断谋求改进，这样的商业模式才有机会立于不败之地。那么，领导者究竟该如何边实施边思考改变呢？

首先，在实施项目或战略之前，领导者需要设定明确的目标和里程碑，以确保团队在实施过程中能够保持方向的一致性。同时，这些目标和里程碑也可以作为评估实施效果的重要标准。当发现实际进展与目标存在偏差时，领导者需要及时调整方法，以确保项目或战略能够顺利推进。

其次，领导者需要建立有效的沟通机制，确保团队成员之间、部门之间以及企业内外之间信息畅通无阻。通过定期召开会议、分享进展和遇到的问题等方式，领导者可以及时了解实施情况，并根据实施情况调整方法。

再次，在实施过程中，领导者需要鼓励团队成员勇于试错和快速迭代。试错是发现问题和解决问题的重要途径之一。通过不断尝试新的方法和手段，团队可以逐步接近最佳实践方案。同时，快速迭代也可以帮助团队及时适应市场变化和技术进步的需求。领导者需要为团队提供必要的资源和支持，鼓励团队成员大胆尝试、勇于创新。

最后，在实施过程中，领导者需要定期对项目或战略的进展情况进行评估和调整。评估可以通过多种方式进行，如数据分析、用户反馈、市场调研等。通过评估，领导者可以了解实施效果与预期目标间的差距，找出问题的根源所在。针对发现的问题，领导者需要制定有针对性的调整方案，并推动团队按照新的方案予以实施。不断地评估和调整项目或战略的进展情况，可以确保项目或战略能够顺利推进并取得成功。

总而言之，在实施项目或战略的过程中，领导者需要具备高度的灵活性和应变能力，不断思考并调整方法以适应不断变化的外部环境。在具体实施过程中，领导者需要设定明确的目标与里程碑，建立有效的沟通机制，鼓励试错与快速迭代，定期进行评估和调整等，确保项目或战略的成功实施。

第十二章
控制力：有效把控战略实施全过程

优秀的领导者能够在战略实施过程中展现出卓越的控制力。他们首先需要平衡各种关系，保证团队始终正向发展。同时，要最大化利用信息的力量，掌控领导行为中一切可能出现的不确定性。其次需要通过多层级控制策略，确保各环节按时推进，无遗漏、无延误。再通过建立风险预警应对机制，及时发现并处理潜在问题。最后需要借助法定力量，给予组织最坚实、最长久、最稳固的保障，以确保战略实施的连续性和成功。

平衡各种关系，保证团队正向发展

领导者不仅是战略的制定者和执行者，更是团队内部各种关系的平衡者。一个成功的领导者，必须具备高超的关系管理能力，以确保团队在复杂的人际网络中保持正向发展。

一个团队内部存在多种关系，如上下级关系、同事关系、跨部门关系等，这些关系的和谐与否直接影响团队的凝聚力和执行力。领导者作为团队的核心，必须具备敏锐的洞察力和高超的协调能力，及时识别并

领导力是训练出来的

平衡这些关系，促使团队正向发展。

在团队中，不同的成员扮演着不同的角色，有唱白脸的，有唱红脸的，也有唱黑脸的。领导者需要明确每个成员的角色定位，保持角色之间的平衡，抑制不良行为，保持团队的执行力。例如，在一个销售团队中，既需要有业绩突出的"明星"员工，也需要有默默无闻但工作踏实的"基石"员工。领导者需要在两者之间找到平衡点，让团队既能保持高昂的斗志，又能确保工作的稳定推进。

而且，团队内部往往存在复杂的利益关系，既有既得利益者的诉求，也有新进入团队者的期待。作为领导者，要巧妙平衡这些利益关系，确保团队的和谐与稳定。通过合理的利益分配机制，让每个人都能在团队中找到自己的位置和价值，从而激发整个团队的积极性和创造力。

职场上的关系错综复杂，包括领导的亲戚、关系户以及外部势力的干预等。对此，领导者需要运用智慧和策略，平衡这些隐性的、复杂的关系，从而让团队在复杂的环境中保持稳定的运行状态。同时，通过合理的角色划分和资源配置，让团队成员之间形成相互制约、相互支持的良性关系网。

领导者训练自己平衡团队内各种关系的能力是一个持续且多维的过程，要求领导者不仅要具备专业技能，还要有良好的人际交往、情绪管理、决策判断等多方面的能力。以下详细论述领导者如何在这一领域进行自我提升。

1. 自我评估与反思

首先，领导者需要对自己在团队关系管理方面的强项和弱项有清晰的认识。可以通过360度反馈、自我评估问卷或寻求导师/教练的反馈来实现。

在日常工作中，领导者也应养成反思的习惯，思考自己在处理团队关系时的决策和行为是否得当，是否达到了预期的效果，以及有哪些可以改进的地方。

2. 增强沟通与倾听能力

建立开放、透明的沟通渠道，鼓励团队成员表达意见和反馈。领导者应主动发起对话，了解团队成员的想法和需求。

倾听不仅仅是听别人说话，更需要理解对方的情感和意图。领导者需要培养同理心，全神贯注地倾听团队成员的发言，并给予积极的回应。

领导者在沟通与倾听过程中，都必须注意自己的肢体语言、面部表情和语调等非言语信息，以确保它们与言语信息一致，传递出积极、支持的信息。

3. 冲突的解决与情绪的调解

领导者需要敏锐地识别团队中的潜在冲突，包括个人之间的矛盾、任务分配不均等问题。在处理冲突时，领导者应保持客观、公正的态度，听取各方意见，寻求双赢的解决方案。

冲突往往伴随着强烈的情绪反应，领导者需要学会管理自己的情绪，同时帮助团队成员冷静下来，理性地面对问题。

4. 权力与授权的平衡

领导者要根据团队成员的能力和职责范围合理授权，让成员承担和接受更多的责任与挑战，进行能力锻炼。在授权的同时，领导者需要为被授权者提供必要的支持和监督，确保任务得以顺利完成，同时避免权力滥用。此外，领导者根据团队和项目的发展情况，灵活调整授权范围和程度，保持团队的灵活性和适应性。

5. 情感关怀与能力培训

通过真诚地关心团队成员的生活和职业发展，建立信任关系，增强团队的凝聚力。在团队成员遇到困难或挫折时，提供情感上的支持和安慰，帮助他们重新找回信心和动力。

阅读关于领导力、团队管理、心理学等方面的书籍和文章，不断吸收新知识和新理念。同时，参加领导力培训、团队建设培训等专业培训，提升自己的专业技能和综合素质，并且定期向团队成员、上级或导师寻求反馈，了解自己的不足之处，并制订相应的改进计划。

综上所述，通过正确的训练方法掌握能够平衡各种关系的能力后，领导者就能在未来的企业管理实践中持续提升自己的领导力和团队管理能力，为团队创造更加和谐、高效的工作环境。

建立强大的信息力量以求驾驭局势

在当今信息爆炸的时代，领导者面临的挑战前所未有且复杂多变。无论是企业内部的管理决策，还是外部环境的风云变幻，信息的获取、分析与应用能力已成为衡量领导者能否有效驾驭复杂多变局势的关键指标。因此，建立强大的信息力量，对于每位领导者而言都是一项至关重要的任务。

市场环境瞬息万变，机会与风险并存。领导者若想在激烈的竞争中立于不败之地，就必须具备快速响应市场变化的能力。强大的信息力量能够缩短信息传递和处理的周期，使领导者能够迅速捕捉到市场信号，及时调整战略方向和资源配置，来应对各种突发情况。

但是，在信息不充分或失真的情况下作出的决策，往往伴随着巨大的风险。因此，领导者需要依靠全面、准确、及时的信息作为决策的依据，提高决策的科学性和准确性。强大的信息力量能够帮助领导者快速捕捉到市场趋势、竞争对手动态、客户需求变化等关键信息，为制定战略和计划提供有力支持。

一个高效运转的团队需要信息的无障碍流通和共享；信息透明和共享的文化能够极大地提升团队的协同效率和工作质量。领导者通过建立强大的信息力量，可以打破部门壁垒，促进信息的横向和纵向流动，使团队成员能够及时了解彼此的工作进展、遇到的困难以及所需要的支持。

而且，信息力量不仅体现在技术层面，更体现在组织文化和价值观上。领导者通过倡导开放、透明、共享的信息文化，可以激发员工的内在动力，增强组织的凝聚力和向心力。这种文化氛围下的组织往往更加灵活、敏捷，能够更快地适应外部环境的变化。

在信息爆炸的时代，领导者面临着信息过载和筛选难题，这更要求领导者必须建立信息过滤和优先级排序机制，将有限的时间和精力集中在掌握最有价值的信息上。以下，我们将详细阐述领导者构建强大的信息力量的路径。

第一，构建信息基础设施。领导者需要投入资源建设高效、稳定、安全的信息系统，包括网络设施、数据中心、云计算平台等。同时，还要注重信息技术的应用和推广，如大数据、人工智能、物联网等新兴技术，以提升信息的采集、处理和分析能力。

第二，建立健全信息管理机制。领导者需要制定明确的信息管理政策和流程，规范信息的采集、存储、处理、传递和共享等各个环节。同时，还要建立健全信息安全体系，保护信息的机密性、完整性和可用性，防止信息泄露和滥用。

第三，培养专业的信息人才。领导者需要重视信息人才的培养和引进工作，建立一支既懂技术又懂业务的专业化信息团队。这支团队不仅负责信息系统的建设和运维工作，还要能够深入挖掘数据价值，为组织提供有价值的决策支持。

第四，强化数据驱动。领导者应树立数据驱动理念，将数据分析作为决策的重要依据。通过收集和分析各类数据资源，发现潜在的问题和机会点，为组织制定战略和计划提供有力支持。

第五，推动信息化与业务深度融合。信息化不应仅停留在技术层面，而应深入到组织的各个业务环节中。领导者需要推动信息技术与业务流程的深度融合，实现业务流程的自动化、智能化和可视化。通过信息化手段提升业务效率和管理水平，为组织创造更大的价值。

第六，建立开放的信息生态。在信息爆炸的时代，任何组织都难以独自拥有全部所需的信息资源。因此，领导者需要建立开放的信息生态，积极与外部合作伙伴、客户、供应商等利益相关者进行信息共享和交流。通过构建信息共享网络，组织可以获取更多的外部信息资源，提升自身的信息优势。

在信息时代，新的信息挑战层出不穷。领导者需要具备敏锐的洞察力和快速的应变能力，及时识别和应对各种信息风险和挑战。在构建信息力量的过程中，必须高度重视数据的安全性、完整性和隐私性。领导者应建立严格的信息安全管理制度，包括数据加密、访问控制、审计追踪等措施，以防止信息泄露、篡改和非法访问。同时，还需要加强员工的信息安全意识教育，确保每位员工都能严格遵守信息安全规定，共同维护组织的信息安全。

随着数据保护法规的不断完善，如欧盟的 GDPR（通用数据保护条例）等，领导者必须关注国际国内的法律法规要求，确保组织的信息处理活动合法合规。这包括明确告知用户信息收集的目的、方式、范围，以及用户享有的权利，如知情权、选择权、删除权等，从而建立起用户对组织信息管理的信任。

因此，通过加强信息安全防护、优化信息处理流程、提升信息分析能力等措施，可以确保组织在复杂多变的信息环境中保持稳健发展。

最后还需强调一点，信息技术的发展日新月异，新的技术层出不穷，为了保持信息力量的领先地位，领导者需要持续关注技术动态，及时引入和应用新技术，以优化信息处理流程，提升决策效率。然而，技术更新与迭代也伴随着一定的风险，如技术选型失误、系统迁移困难等。因此，领导者在推动技术更新时，应谨慎评估技术风险，制订科学合理的实施计划，确保技术更新过程平稳顺利。

利用最新信息进行详细反复的预测

领导者在快速变化的商业环境中，利用最新信息进行详细、反复的预测，是他们制定前瞻性战略、优化资源配置、应对不确定性挑战的关键能力。这一过程不仅要求领导者具备敏锐的洞察力，还需要掌握一系列科学方法和工具。本部分将详细阐述领导者如何利用最新信息进行详细反复的预测，此外先从信息获取与筛选机制开始。

领导者应在组织内部建立多元化的信息获取渠道，包括行业报告、市场研究、竞争对手动态、社交媒体、专业论坛、专家访谈等。通过不同渠道的信息互补，领导者可以更全面地了解市场趋势、技术革新、政策变化等关键信息。

在信息爆炸的时代，领导者还需要建立高效的信息筛选系统，以快速识别出有价值的信息。这可以通过设置关键词过滤、利用 AI 辅助筛选、培养团队的信息敏感度等方式实现。同时，定期评估信息源的可靠性和时效性，为获取准确、及时的信息打下基础。

获取到信息后，再从中分析筛选出对组织发展有用的部分，但这并不是结果。领导者应该将这些有用的信息运用到组织发展的预测中去，而且要加强预测过程中的反复验证与调整。

首先，应该明确的是，预测需要随着新信息的出现不断复审和调整。领导者应建立定期复审机制，如季度或半年度复审会议，对之前的预测结果进行回顾和评估。通过对比实际结果与预测结果，找出发生偏差的原因，并据此调整预测模型和策略。

其次，要明确预测过程中关键变量变化对预测结果的影响程度，而敏感性分析是非常适用的方法。领导者可以针对预测模型中的关键变量进行敏感性分析，了解这些变量在不同阈值下对预测结果的影响，可以帮助领导者识别潜在风险点，制定相应的风险应对策略。

最后，需要明确的是预测工作往往需要跨部门协作才能完成。领导者必须促进不同部门之间的信息共享和沟通协作，确保预测工作能够全面、准确地反映组织的实际情况。通过跨部门协作，还可以集思广益，从不同角度审视问题，提高预测的准确性和全面性。

说了这么多关于获取、筛选与运用信息和预测工作的相关事宜，那么究竟该如何借助最新信息进行详细反复的预测呢？在此给出以下四种科学的预测方法供大家参考：

趋势分析法。趋势分析法是预测未来发展方向的基本方法。领导者通过观察历史数据、分析当前趋势，结合行业规律和市场动态，预测未来的发展趋势。例如，利用时间序列分析、回归分析等统计方法，对销售数据、市场份额等关键指标进行预测。

情景规划法。情景规划法是一种假设驱动的方法，通过构建多种可能的未来情景，并评估每种情景下组织的应对策略和效果，来进行详细、全面的预测。领导者可以邀请跨部门团队、外部专家共同参与未来情景构建，以拓宽视野、增强预测的全面性。通过未来情景构建与规划，领导者就能更好地应对不确定性，抓住潜在机遇。

技术预测法。随着科技的飞速发展，技术预测已成为预测未来不可忽视的一部分。领导者应关注新兴技术的发展动态，如人工智能、区块链、量子计算等，评估这些技术如何影响行业格局、改变商业模式，以实现预测的准确性。领导者可以通过阅读科技媒体、参加行业会议、与科研机构合作等方式，获取最新的技术信息，而后结合组织的实际情况进行预测。

模拟与仿真。模拟与仿真技术可以模拟复杂系统的运行过程，帮助领导者预测不同决策方案下的结果。例如，利用经济模型模拟市场变化，通过供应链仿真评估生产计划的可行性等。这些技术能够提供直观、量化的预测结果，为领导者制定决策提供有力支持。

预测模型并非一成不变，随着市场环境的不断变化，模型也需要进行适时的调整和优化。领导者必须保持对预测模型的敏感性，及时发现模型中的不足和偏差，并引入新的变量、调整参数或新的算法来改进模型。此外，领导者也要关注行业内的最佳实践和技术创新，并不断吸收、整合并纳入预测方法和工具中。同时，领导者还应培养并建立组织内的预测文化与能力，应用预测结果指导决策与行动，关于此通常包括以下几个方面的内容：

1. 建立预测文化

领导者应倡导建立预测文化，鼓励团队成员积极关注市场动态、参与预测工作，并将他们的预测结果纳入绩效考核体系，提高团队成员对预测工作的重视程度。

2. 提升预测能力

领导者应重视提升团队成员的预测能力，通过培训、引进外部专家等方式，为团队成员提供学习机会和资源，增强组织的整体预测能力。培训内容可以包括预测方法、数据分析、市场研究等方面的知识和技能。

3. 制定前瞻性战略

领导者应根据预测的结果，分析未来趋势和潜在机遇与挑战，结合组织的实际情况和战略目标，制定具有前瞻性和可操作性的战略规划。战略规划应明确组织的长期发展方向、核心竞争力和资源配置方案等关键要素。

4. 优化资源配置

通过评估不同项目、业务单元或投资方案的潜在回报和风险水平，领导者可以作出更加科学合理的资源配置决策。例如，在资金有限的情况下优先支持具有高增长潜力的项目或业务单元；在面临市场变化时及时调整生产计划或销售渠道等。

5. 制定应对方案

预测结果揭示了未来可能面临的挑战和风险点。领导者应根据预测结果制定详细的应对方案，包括风险预警机制、应急响应流程、备选方案等。这些应对方案需要具体、可操作，并且能够在关键时刻迅速启动，以减轻或避免潜在的不利影响。例如，针对市场竞争加剧的风险，可以制定加强品牌建设、提升产品质量的策略；针对政策变化的风险，可以研究政策走向，提前调整业务模式或产品线。

6. 鼓励创新试错

在面对不确定性和快速变化的市场环境时，领导者应鼓励团队成员保持创新思维，勇于尝试新的方法和策略。通过设立创新基金、建立容错机制等方式，为团队成员提供试错的空间和机会。即使某些尝试未能达到预期效果，也应从中吸取经验教训，不断完善和优化预测与决策过程。

7. 建立反馈渠道

为了及时获取预测结果的实际应用效果和市场反馈，领导者应建立畅通的反馈渠道，包括定期收集客户反馈、市场调研数据、团队内部评估报告，以及建立跨部门沟通机制等，确保信息的及时传递和共享。通过这些反馈渠道，可以及时发现预测结果与实际情况之间的偏差，并找出原因进行改进。

8. 持续做出改进

基于反馈结果和实际情况的对比分析，领导者应组织团队对预测流程和方法进行持续改进，包括优化信息获取和筛选流程、改进预测模型和算法、加强跨部门协作和沟通等方面。通过持续改进，可以提高预测的准确性和时效性，为组织作出更加科学合理的决策提供有力支持。

综上所述，领导者利用最新信息进行详细反复的预测是一个复杂而系统的过程，需要构建高效的信息获取与筛选机制、采用科学的预测方法、加强预测过程中的反复验证与调整、培养预测文化与能力、应用预测结果指导决策与行动、保持灵活性与适应性等多方面的努力。只有这样，才能在快速变化的市场环境中保持敏锐的洞察力和前瞻性的决策能力，为组织的可持续发展提供有力保障。

分级、分层、分段的"多级递控"

领导者有效实施"多级递控"是提升组织效能、确保战略目标顺利实现的关键。这一策略要求领导者不仅要有全局视野，还需要领导者具有精细管理，通过分级、分层、分段的方式，构建高效、有序控制体系的能力。

所谓"多级递控"，是一种将大系统划分为多个子系统，并通过递阶的方式对这些子系统及其控制器进行分级管理的控制结构。这种结构强调上下级之间的隶属关系、信息的垂直传递，以及各级控制器的并行工作与协调。在组织管理中，体现为将组织划分为不同层级、部门和岗位，每个层级或部门负责特定范围内的任务和控制管理工作，同时与其他层级或部门保持必要的联系与合作。

实施"多级递控"的具体策略如下：

首先，清晰界定组织内部的层级结构，明确每一层级的职责范围和目标任务。通过制定详细的岗位说明书和工作流程，确保每个成员都清楚自己的职责所在，避免职责重叠，发生推诿现象。同时，建立清晰的晋升通道和激励机制，激发各层级成员的工作积极性和创造力。

其次，建立高效的信息传递和反馈机制，确保上下级之间、同级之间以及不同部门之间的信息畅通无阻。通过定期召开会议、使用信息化管理系统等手段，及时收集、整理和分析各类信息，为决策提供有力支持。同时，加强跨部门、跨层级的协调合作，形成合力共同推动组织目标的实现。

再次，制定科学合理的控制标准和流程，对各层级、各部门的工作进行规范和约束。这些标准和流程应具有可操作性、可衡量性和可追溯性，能够真实反映工作实际情况和成果。通过定期检查和评估各层级、各部门的工作绩效，及时发现问题并采取有效措施进行纠正和改进。

又次，各级目标和组织整体目标紧密相连，形成一个统一的目标体系。组织内部需要明确各级目标，并将其与组织的长期战略相衔接，确保每个层级和部门都清楚自己的任务和对整体目标的贡献。同时，建立科学的绩效考核体系，将目标完成情况作为考核的重要依据，通过奖优罚劣来激励团队成员努力工作，提高整体绩效。

最后，领导者在"多级递控"中需要灵活运用自己的权力和影响力来管理和控制组织。一方面，要树立正确的权力观和领导观，将权力视为服务组织和成员的工具而非个人私利的手段；另一方面，要善于运用自己的专业知识和人格魅力来影响他人、激励他人，使团队成员心甘情愿地跟随自己共同奋斗。

此外，领导者在"多级递控"中扮演着至关重要的角色。但仅凭领导者一己之力难以完成所有工作。因此，培养并选拔一批忠诚、能干、有责任心的助手和团队成员必不可少。在选择助手时，应注重其思维习惯、为人处世方式、性格特点等方面与领导者的契合度，确保双方能够形成默契，共同推动工作顺利开展。同时，通过培训、激励等方式不断提升团队成员的能力和素质，为组织的发展提供有力的人才保障。

以上策略都要求领导者必须以身作则，通过自己的言行来传递组织的文化和价值观，使之成为全体成员的共同信仰和行动指南。

以下进一步探讨领导者如何在实际操作中深化这些能力，以实现更为高效的"多级递控"。

1. 提升全局视野与战略思维

"多级递控"要求领导者具备全局视野和战略思维，能够站在组织整体发展的高度思考问题、作出决策。因此，领导者需要不断学习新知识、新技能和新理念，拓宽自己的知识领域和视野范围。同时，注重培养自己的战略思维能力，学会从全局出发分析问题、把握趋势、制定长远规划。

2. 增强沟通协调能力和人际影响力

在"多级递控"中，领导者需要与不同层级、不同部门的成员进行频繁的沟通和协调，以达成共识，推动工作。因此，领导者需要不断提升自己的沟通协调能力，并善于运用人际影响力来影响和激励他人。通过积极倾听他人意见、关注他人需求、尊重他人差异等方式来建立和谐的人际关系网。同时，注重培养自己的领导魅力和感染力，来激发团队成员的工作热情。

3. 强化决策能力与执行力度

在"多级递控"中，领导者需要经常面对复杂多变的情况和问题，并作出及时有效的决策。因此，领导者必须具备敏锐的洞察力和判断力来识别问题和机遇。同时，注重培养自己的决策能力，并善于运用科学的方法和工具来进行决策分析。最后，还需要加强执行力度，以确保已经作出的决策得到有效落实并达到预期效果。

4. 培养并授权给关键岗位

在"多级递控"中，关键岗位的人员对于组织目标的实现具有重要影响。领导者需要识别并培养这些关键岗位的人才，通过提供培训、轮岗、晋升等机会来帮助他们提升能力和素质。同时，要敢于授权给这些人才，让他们在自己的职责范围内充分发挥作用，提高决策效率和执行力。当然，授权并不意味着放任不管，领导者还需要建立有效的监督机制来确保权力的正确使用。

5. 利用科技手段提升管理水平

随着科技的发展，越来越多的管理工具和技术被应用于组织管理中。领导者需要积极学习和掌握这些工具与技术，如项目管理软件、ERP系统、大数据分析等，以提高管理效率和决策的科学性。通过利用科技手段来收集、整理和分析信息，领导者就能更加准确地把握组织的运行状况和市场动态，为作出科学合理的决策提供有力支持。

综上所述，"多级递控"是领导者增强控制力、提升组织效能的有效手段。通过实施上述一系列正确的策略，领导者可以构建起一个有序、高效、协同的控制体系。在此基础上，领导者还需要不断自我提升，保持学习的热情和反思的习惯，以应对不断变化的挑战和机遇。

有效解决各种现实的和潜在的冲突

在复杂多变的现代组织环境中，冲突作为一种常态现象，不仅难以避免，而且往往蕴含着推动变革与创新的契机。作为组织的操盘手，领导者面对冲突时的态度与能力，直接决定了组织的健康程度、团队的凝聚力以及战略目标的实现程度。因此，领导者必须具备有效解决各种现实与潜在的冲突的能力，这不仅是对其领导力的重要考验，也是推动组织持续发展的关键要素。在突发事件或负面舆论出现时，领导者能够迅速作出反应，

领导力是训练出来的

有效控制事态发展，防止负面影响的扩大。通过积极应对和妥善处理，不仅能保护组织的声誉，还能进一步巩固和提升领导者的信誉。

领导者需深刻理解冲突的本质及其双面性。冲突，简而言之，是不同利益主体之间因目标、观念、资源分配等差异而产生的对立或矛盾状态。它既可以成为阻碍合作、破坏和谐的负面因素，也可能成为激发创新思维、促进问题解决的催化剂。领导者应当能够识别冲突的类型（如任务冲突、关系冲突、过程冲突等）及其潜在影响，避免将冲突一概而论地视为消极现象。

解决冲突的第一步是建立并维护一个开放、包容、尊重差异的沟通环境。领导者应鼓励团队成员勇于表达自己的观点和感受，即使这些观点可能引发争议。通过倾听、理解而非立即反驳，领导者能够增进团队成员之间的相互信任，为冲突的正面解决铺平道路。同时，领导者还要树立榜样、以身作则，展现出对多元观点的接纳和尊重，从而激发团队的创新活力。

面对不同类型的冲突，领导者需要灵活运用多种策略应对，以实现冲突的最小化或将冲突转化为建设性力量。常见的冲突解决策略包括：

竞争与合作。当利益冲突显著且无法妥协时，可采用竞争策略，明确优先级，迅速决策；而在目标一致、资源互补的情况下发生利益冲突时，领导者则应强调合作，共同寻找双赢方案。

妥协与适应。当冲突双方均有一定的道理但难以达成完全一致的意见时，妥协成为必要选择。通过寻找双方都能接受的中间地带，达成暂时性的协议。同时，领导者还需引导团队成员学会适应变化，调整个人期望，以更好地融入团队。

回避与忽视。对于某些非关键性、暂时性的冲突，领导者可采取回避策略，避免直接对抗升级矛盾；对于不影响大局的微小分歧，则可以选择忽视，以避免浪费宝贵的时间和精力。

面对与解决。对于根本性、长期性的冲突，领导者应勇于直面问题，通过深入分析、集思广益、寻求专业意见等方式，找到冲突源，实现问题的彻底解决。

领导者的作用不仅在于亲自解决冲突，更在于培养团队成员解决冲突的能力，增强团队自我修复和自我提升的意识。这包括：

培训与教育。定期组织冲突管理、沟通技巧等方面的培训，提升团队成员的冲突管理意识和处理冲突的能力。

案例分析与模拟演练。通过分析真实或虚构的冲突案例，让团队成员在模拟环境中学习如何识别冲突、分析产生冲突的原因、制定解决方案并付诸实践。

建立反馈机制。鼓励团队成员之间相互给予建设性的反馈，及时指出问题并共同寻求改进方案，形成积极向上的学习氛围。

此外，领导者还需将冲突管理能力融入组织文化中，使之成为组织日常运作的一部分。这包括建立明确的冲突解决流程和规范，确保冲突得到及时、公正的处理；强化组织价值观中的包容性、创新性和协作精神，使团队成员在面对冲突时能够保持积极的态度；通过激励机制鼓励团队成员主动寻求解决方案，而非回避或抱怨。

有效解决各种现实的与潜在的冲突，不仅关乎组织的和谐稳定与持续发展，更是领导者个人魅力与智慧的重要体现。在管理过程中，领导者不仅是冲突的解决者，更是组织变革与创新的推动者。

通过法定力量保证组织成员遵守规范

在复杂多变的社会经济环境中，组织作为实现共同目标、整合资源的重要载体，其内部秩序与效率直接关系到其生存与发展。领导者作为组织的核心驱动力，承担着引导、激励与约束组织成员的重要职责。在众多管理工具中，法定力量作为一种正式、权威且具有强制性的手段，对于保证组织成员遵守组织规范、维护组织秩序具有不可替代的作用。本节旨在探讨领导者如何有效运用法定力量，促进组织成员对规范的遵从，进而构建一个既充满活力又井然有序的组织环境。

法定力量，是指组织依据国家法律法规、内部规章制度等正式文件所赋予的权威和权力对组织成员行为进行规范、指导、监督和奖惩的一种能力。它具备以下四种特性：

正式性。法定力量来源于明确的法律条文或组织章程，具有公开透明的特征，为所有成员所知悉并接受。

权威性。由于其背后的法律或制度支撑，法定力量具有不可挑战的权威性和强制性，能够确保规则的严格执行。

普遍性。法定力量一旦确立，便适用于组织内的所有成员，无差别地约束每一个人的行为。

可预测性。明确的规则和标准使得组织成员能够预知自己行为的后果，从而作出符合规范的选择。

通过明确的行为规范和奖惩机制，法定力量能够有效遏制违规行为，维护组织内部的稳定与和谐。在保障组织利益的同时，法定力量也为组织成员提供了公平竞争的平台，保护了他们的合法权益不受侵犯。长期遵循法定规范，也能够逐步内化为组织成员的行为习惯和价值观念，形成积极向上的组织文化。

领导者要如何运用法定力量，才能将这股正向的能量运用到最佳状态？下面给出一些具体的流程供大家参考：

流程一：制定制度，科学合理。领导者的首要任务是组织专业团队深入调研，结合组织实际情况，制定出一套既符合法律法规要求又能有效指导组织运营的规章制度体系。这些制度应涵盖组织架构、岗位职责、工作流程、绩效考核、奖惩措施等多个方面，确保全面性和可操作性。

流程二：加强培训，提升认知。制定制度后，领导者需通过会议、培训、内部通信等多种渠道，对规章制度进行广泛宣传和教育，确保每位成员都能准确理解其内容和意义，增强组织成员遵规守纪的自觉性。同时，鼓励成员提出合理化建议，不断优化完善制度。

流程三：严格执行，公正裁决。制度的生命力在于执行。领导者应带头遵守制度，树立榜样，对于违反制度的行为，无论职位高低，一律按照制度规定进行公正裁决，绝不姑息迁就。通过实际行动彰显法定力量的严肃性和权威性，形成"有规必依、执规必严、违规必究"的良好氛围。

流程四：灵活运用，注重激励。在严格执行制度的同时，领导者还需要注意方式方法，避免"一刀切"式的机械管理。应根据实际情况，灵活运用激励与惩戒相结合的方式，既要对违规行为进行必要处罚，也要对遵规守纪、表现突出的成员给予表彰和奖励，激发他们的积极性和创造力。

流程五：实时反馈，持续优化。建立有效的反馈机制，鼓励组织成员对规章制度及执行过程提出意见和建议。领导者应定期评估制度的运行效果，及时发现问题，而后进行必要的调整和优化，确保制度始终适应组织发展的需要。

　　领导者通过法定力量不仅能够维护组织秩序，提升工作效率，还能促进组织文化形成，有效保障组织成员权益。然而，法定力量的运用并非一蹴而就，需要领导者具备高度的责任感、敏锐的判断力和持续的学习精神。只有不断创新管理方法、优化管理手段，才能确保法定力量在组织管理中发挥最大作用，推动组织持续健康发展。